BHAGAVAD GÎTÂ

BHAGAVAD GÎTÂ

Traduit du sanskrit par Alain Porte

arléa
16, rue de l'Odéon, 75006 Paris
www.arlea.fr

Collection "Poche-retour aux grands textes"
– Domaine sanscrit –
– N° 6 –

Mai 2019
ISBN 978-2-36308-206-0
© Avril 1992, Arléa pour la traduction française

BHAGAVAD GÎTÂ

Dialogue entre *Arjuna* et *Krishna*, son cocher,
sur le champ de bataille où s'opposent
les *Pandava* et les *Kaurava*.

Extrait du Chant VI du *Mahâbhârata* :

BHISMAPARVAN

La *Bhagavad Gîtâ* comporte dix-huit chapitres
et sept cents slhoka, le verset indien épique,
trente-deux pieds répartis en deux hémistiches de seize pieds,
eux-mêmes subdivisés en deux pada de huit pieds.

À
Malavika

À
Nita Klein
Jean Klein

À
Michel Herbault

LA CONSCIENCE DU MONDE

La *Bhagavad Gîtâ*, bref épisode du vaste poème épique qu'est le *Mahâbhârata*, est au cœur d'un conflit qui ébranle la terre de l'Inde et fait voler en éclats la conscience de l'homme.

Dans ce texte célébré, nous lisons les propos qu'échangèrent, dans les prémisses d'une gigantesque bataille, le prince *Arjuna* et *Krishna*, son cocher. Ce dialogue dure dix-huit chants et sept cents versets, des *shloka*, comme ils se nomment en sanskrit. À l'aune du poème global, c'est un atome d'eau dans le Gange. Face au rythme d'une dramaturgie, cela peut paraître un peu vraisemblable atermoiement. C'est que le champ de la conscience ignore les contingences impliquées par le feu de l'action. Méditer la réalité conduit à jouer avec les formes, faute de pouvoir s'appuyer sur aucune. La pensée indienne, n'ayant sacralisé aucun dogme, se voyait vouée à un destin éternellement nomade.

Arjuna est engagé dans une guerre fratricide. Le sang qu'il doit faire couler, c'est celui qui circule dans son propre corps, parce que ses adversaires, ce sont tout simplement ses cousins, du moins pour les chefs d'armée. On parle de l'affrontement des *Kaurava* et des *Pândava*. Ce sont les rejetons d'une lignée commune.

Les Kaurava sont emmenés par *Duryodhana*, âpre lutteur de

cœur rugueux, d'esprit fielleux. Il est l'aîné des cent fils du vieux roi Dhritarâshtra, aveugle de naissance, et c'est à ce patriarche faible et indécis que la *Bhagavad-Gîtâ* est narrée par son écuyer Samjaya qui a reçu en quelque sorte le don d'ubiquité. (Ces matriochka de conteurs sont caractéristiques de la luxuriance narrative indienne.) C'est Samjaya qui rapporte fidèlement au vieux monarque impotent, mot pour mot, ce que se disent Krishna et Arjuna, leurs adversaires, les Pândava. Ce nom dérive de celui du roi Pându, qui n'est rien de moins que le « frère » du roi Dhritarâshtra, à ceci près que, s'ils ont même père, Vyâsa, ils ont chacun une mère différente, Ambikâ et Ambalikâ qui, au demeurant, sont sœurs. À ce moment de l'histoire, le roi Pându est mort. Il a laissé cinq fils – les cinq Pândava – qui portent son nom, certes, mais qui, en réalité, ont été engendrés par des dieux. Pându était tombé sous le coup d'une malédiction qui lui interdisait d'être l'amant de ses épouses, Kuntî et Madrî, sous peine de perdre aussitôt la vie. Mais, par le jeu providentiel de la Fortune, son épouse Kuntî avait reçu d'un sage le pouvoir d'obtenir un enfant du dieu qu'elle invoquerait, et, ce pouvoir, elle l'avait transmis à Madrî.

Ainsi naquirent de Kuntî *Yudhisthira*, *Bhîma* et *Arjuna*, conçus respectivement avec les dieux *Dharma* (la Loi), *Vâyu* (le Vent), *Indra* (le dieu du Ciel). Et Madrî engendra les jumeaux *Nakula* et *Sahadeva* avec les *Ashvin*. Il faut aussi révéler que Kuntî, la mère d'Arjuna, avait, avant son mariage avec Pându, sollicité les faveurs conjugales de *Sûrya*, le Soleil, et que le fils né de cette union, *Karna*, avait été secrètement confié à une famille modeste. Karna sera longtemps connu comme « le fils du cocher ». Il est donc le frère secret d'Arjuna et il a rallié le camp des Kaurava. Arjuna l'apprendra beaucoup plus tard, quand le carnage aura fait d'effroyables dégâts dans les deux camps.

Pour l'instant, Arjuna est envahi d'un désarroi profond quand, du char que son cocher, Krishna, a poussé au milieu des deux armées, il découvre les visages familiers de ceux qu'il doit combattre. Son cœur saigne et son système de valeurs vacille. Il se refuse à lever son arc contre ses parents, ses proches ou son maître d'armes, *Drona*, qui lui a tout appris, ou pire encore, contre *Bhîsma*, lié aux origines de toute la lignée Kaurava-Pândava. Il ne combattra pas. Il le répète après avoir formulé à haute voix la chaîne des catastrophes inéluctables qu'entraînerait le meurtre injustifiable des siens. Ce qu'il s'entend dire prend soudain force de réalité. Il subit une défaillance véritable. Ses membres ne lui obéissent plus. Ses armes s'échappent de ses mains, il glisse à terre.

Alors va se nouer un dialogue entre le héros terrassé et son aurige Krishna. C'est là toute la *Bhagavad Gîtâ*. L'issue de cet échange, on la pressent. Au terme d'une longue introspection orale des fondements mêmes de la vie, avec, au cœur, la vision terrifiante de toutes les formes coulant comme le Gange au fond d'un cratère incandescent, Arjuna sera guéri de ses vertiges et de son aboulie. Il se relèvera prêt à combattre.

Il est nécessaire de garder présent à l'esprit ce cadre dramatique. La plupart du temps, cette situation est estompée au profit du discours. À ce qui est et demeure théâtre, on privilégie ce qui est enseignement religieux ou philosophique et l'on verra, en fin d'ouvrage, qu'il n'est pas séant de donner un label aussi usé à cet exercice de pensée qu'est la *Bhagavad Gîtâ*. Les chapelles finissent par ressembler à des mausolées. Pas plus que Krishna, « l'instructeur », Arjuna, « le disciple », n'a le goût d'édifier un refuge illusoire pour y tremper sa détermination dans un réarmement moral. Si, à la lumière que la pensée indienne, dans la *Bhagavad Gîtâ*, projette sur les réalités humaines, nous observons ce qui se joue sous nos yeux, dans le temps mort d'un conflit général, nous découvrons un filigrane qui fait de l'individu le vrai théâtre – intérieur si l'on veut – où font rage guerres, contradictions et paradoxes. Et c'est à ces tourments illusoires, à ces fantômes, que Krishna veut soustraire Arjuna. Il s'y emploie avec des arguments qui mêlent maints registres : ne pas combattre, c'est trahir son état de *Kshatriya*, c'est ruiner l'essence même de son *Dharma*, c'est encore encourir l'indignité et s'attirer le mépris de ses pairs. Mais c'est aussi méconnaître les vraies énergies qui animent la création et qui dépassent, à un point que la simple pensée est inapte à pénétrer, les examens sans fond, pareils au ressac des vagues, de ce qui est bien et de ce qui est mal. Dans le grand fleuve au cours perpétuel qu'est l'existence, le *Samsâra*, les formes surgissent et les émotions naissent. Dans ses flots, tout est brassé : philosophie, croyances, visions, espoirs et angoisses, échecs et succès. Et tout est éphémère, périssable. L'unique lumière qui puisse réorchestrer le chaos vivant est le regard intérieur. Ce n'est pas une faculté qui s'acquiert et se perfectionne. Ce n'est pas un état auquel on parvient et que l'on couve comme la prunelle de son troisième œil. C'est simplement « découvrir » – c'est une image – que la seule substance de l'être est une conscience qui ne connaît ni naissance ni mort. C'est « discerner » – c'est encore une image – qu'il n'existe aucune route, aucune voie y conduisant puisque cette conscience est la seule patrie, celle où l'individu réside depuis toujours sans jamais l'avoir su ou pressenti. Tout mouvement pour la rejoindre nous en exile.

Krishna sera disert et patient pour expliquer à Arjuna les arcanes des choses. Et, comme il convient à une conscience sereine, il le fera avec la fraîcheur du rire, celui que réclame la gravité du jeu cosmique auquel tout être est mêlé.

Le char, arrêté au milieu de deux armées qui brûlent d'en découdre, rappelle la valeur métaphorique que lui attribuèrent les Indiens d'un temps si apparemment révolu. Le char est l'image de l'homme : les chevaux, ce sont les sens. Les rênes, c'est la pensée. Le char lui-même représente le Moi. Le cocher, c'est la conscience individuelle, ce qui discrimine et décide. Enfin, le passager du char, c'est l'âme.

Sens, pensée (elle est considérée comme le sixième... sens), Moi, conscience, âme, ce ne sont que reflets fugitifs de termes sanskrits dont les résonances dans la langue d'origine ont une grande force de clarté et d'évidence. Les équivalents français ne font que suggérer la direction. À eux ne s'attache aucun concept. Ils ne font que jalonner notre roman métaphysique.

Au-delà des personnes de Krishna et d'Arjuna – êtres de chair et de sang qu'on ne peut réduire à des allégories ou à des archétypes – se dessine un dialogue beaucoup plus impalpable entre deux mystérieux protagonistes : l'âme et la conscience.

Il n'est pas peu paradoxal que ce soit Krishna l'incarnation de la conscience, quand on sait qu'il est l'*avatâra* de *Vishnu*, lui-même image de l'Esprit ultime dont l'univers est tissé. Et c'est à Arjuna, tout désemparé qu'il soit, qu'est dévolu le rôle de l'âme : il est le passager du char.

Les témoins du dialogue, les auditeurs ou les lecteurs du drame pourront percevoir un enseignement donné par le Seigneur des mondes à son disciple élu. Or, en réalité, il n'en est rien.

Ce qu'est Krishna, Arjuna l'est depuis toujours mais il l'ignore, tout enseveli qu'il est dans sa condition d'homme, submergé de passions et peuplé de désirs. Au terme de cet entretien où le monde aura été pénétré dans ses fondements, Krishna aura rendu la parole au silence et Arjuna à l'action.

Alain Porte

I

DU DÉSARROI D'ARJUNA

DHRITARASHTRA, le roi aveugle, le chef des
KAURAVA, interroge SAMJAYA, son écuyer :

« Sur le champ de l'ordre cosmique,
sur le champ des Kuru,
rassemblés par leur désir de combattre,
qu'ont fait mes hommes,
qu'ont fait les Pândava, ô Samjaya ? 1

SAMJAYA :

Quand il vit l'armée des Pândava prête à se battre,
le roi Duryodhana
s'approcha de son maître
et lui dit ces mots : 2

« Regarde, ô Maître, l'immense armée des Pândava,
entraînée au combat
par le fils de Drupada,
ton disciple averti. 3

Vois ces archers valeureux, égaux dans la bataille
à Arjuna et Bhîma :
Yuyudhâna, Virâta,
et Drupada, le grand guerrier. 4

Dhristaketu, Cekitanas et Purujit,
le puissant roi de Kâshi,
Kuntibhoja,
et le vaillant chef des Shibi, 5

le hardi Yudhâmanyu, le valeureux Uttamaujas,
le fils de Subhâdra,
et la lignée de Draupadî,
tous grands guerriers ! 6

Mais sache, ô Seigneur, les noms des plus fameux
parmi les nôtres,
les chefs de mon armée,
je vais te les faire connaître, 7

toi-même, Bhîsma, Karna, Kripa,
le héros victorieux,
Ashvatthâman, Vikarna,
et aussi le fils de Somadatta, 8

et aussi bien d'autres guerriers
qui ont voué leur vie à ma cause,
armés de glaives et de lances,
tous adroits dans l'art de la guerre. 9

Immenses sont nos forces,
emmenées par Bhîsma.
Limitées sont les leurs,
emmenées par Bhîma. 10

Qu'à tout moment
chacun de vous tous,
et selon ses moyens,
ait soin de protéger Bhîsma ! » 11

Pour stimuler l'énergie de Duryodhana, Bhîsma,
l'ancien des Kuru, le vénérable aïeul,
fit retentir à pleins poumons
le rugissement du lion
et souffla dans sa conque.   12

Aussitôt, conques et timbales,
trompes, tambours et cymbales
entrèrent en jeu
et le vacarme fut assourdissant.   13

Alors, debout dans leur grand char
attelé de coursiers blancs,
Krishna et Arjuna soufflèrent
dans leurs conques divines,   14

Krishna dans Pâncajanya, Arjuna dans Devadatta,
et Vrikodara,
le guerrier aux exploits terribles,
dans la grande conque d'or pâle.   15

Le roi Yudhisthira, fils de Kuntî,
soufflait dans Anantavijaya,
et Nakula et Sahadeva,
dans Sughosha et Manipushpaka.   16

Le roi de Kâshi, le meilleur des archers,
Shikandî, le grand guerrier,
Dhristadyumna, Virâta et Sâtyaki
avec son arc resplendissant,   17

Drupada et ses fils, ô Seigneur,
et le fils valeureux de Subhadrâ,
chacun à son tour
souffla dans sa conque à tous les échos.   18

Le fracas déchirait le cœur des Kaurava.
Assourdissant,
il ébranlait le ciel et la terre. 19

Alors, voyant devant lui les Kaurava
rangés en ordre de bataille,
Arjuna à la bannière frappée d'un singe,
au milieu des flèches qui volaient, 20

leva son arc
et adressa à Krishna ces paroles :

Arjuna :

« Arrête mon char
au milieu des deux armées, 21

que je puisse détailler ces hommes ici rassemblés
par le désir de se battre,
voir contre qui je dois lutter dans le combat
qui se prépare, 22

découvrir les combattants
qui se sont réunis
pour faire triompher les volontés
du fils insensé de Dhritarashtra. » 23

Samjaya :

Telles furent les paroles d'Arjuna
à Krishna
qui arrêta le char magnifique
au milieu des deux armées, 24

et lui dit, face à Bhîsma, Drona,
et devant tous les princes :
« Arjuna, regarde tous les Kaurava réunis ! » 25

Alors Arjuna vit, dressés dans chacune
des deux armées,
pères, ancêtres, maîtres, oncles, frères,
fils, petit-fils et compagnons, 26

beaux-frères et alliés.
Tandis qu'il contemplait
tous ses parents
à leurs postes, 27

envahi d'une pitié extrême, désemparé,
il dit ces mots.

Arjuna :

« Ô Krishna, quand je vois les miens
prêts à se battre, 28

mes membres fléchissent,
ma bouche se dessèche,
mon corps tremble,
mes cheveux se hérissent, 29

mon arc glisse de mes mains,
ma peau me brûle,
je ne peux plus rester debout
et mon esprit me fuit, 30

les raisons de se battre,
je les trouve absurdes,
je ne vois rien à gagner
si je tue les miens à la guerre. 31

Ô Krishna, je ne désire ni victoire,
ni royaume, ni bonheur,
qu'est-ce qu'un royaume, ô Govinda ?

Qu'est-ce que les biens de ce monde ?
Qu'est-ce même que la vie ? 32

Ceux qui nous ont fait désirer
royaume, richesses et bonheur,
se dressent ici, prêts à se battre,
prêts à perdre vie et richesses ! 33

instructeurs, pères, fils et aïeux,
beaux-pères, oncles,
petit-fils, beaux-frères
et tous nos parents, 34

je ne veux pas riposter, s'ils me frappent,
même si l'enjeu,
c'est de régner sur les trois mondes,
et c'est la terre, ici, qui est en jeu. 35

Les Kaurava tués, pourrions-nous pavoiser ?
Nous serions livrés au malheur
en supprimant ces meurtriers. 36

À quel titre exterminer les Kaurava
qui sont nos proches ?
Une fois notre sang versé,
serions-nous encore heureux, ô Krishna ? 37

La cupidité noie leur esprit,
ils ne voient pas le désastre
que provoque la destruction de la famille,
et la dégradation
qui s'attache à la trahison d'un allié. 38

Mais nous qui savons le désastre
que provoque

la destruction de la famille,
comment pouvons-nous ignorer
qu'il faille déjouer ce fléau ? 39

Quand on détruit la famille,
les fondements s'effondrent pour toujours
et, quand les fondements se sont effondrés,
le désordre submerge la famille entière. 40

Quand règne le désordre, ô Krishna,
les femmes sont atteintes
et, quand les femmes sont atteintes,
c'est la confusion des castes. 41

La confusion conduit famille et destructeurs
droit en enfer
où tombent aussi leurs ancêtres,
faute d'offrandes d'eau et de riz. 42

Ce crime, la confusion des castes,
œuvre des destructeurs de la famille,
renverse pour toujours les fondements
de la famille et de la race. 43

Quand leurs fondements sont renversés,
ô Krishna,
les hommes sont voués inéluctablement
à demeurer en enfer,
c'est ce que dit la tradition. 44

Quelle pitié ! Nous allions commettre
un terrible forfait,
quand, par désir d'un royaume et par goût du bien-être,
nous étions prêts à tuer les nôtres. 45

Si, l'arme à la main, les Kaurava
me tuaient au combat,
moi qui suis sans défense et sans arme,
j'aurais l'âme en paix. 46

Samjaya :

Telles furent les paroles d'Arjuna
sur le champ de bataille.
Debout au pied de son char,
il se laissa glisser à terre,
laissant échapper son arc et ses flèches,
le cœur brisé de chagrin. 47

II

DE LA NATURE DU MONDE

SAMJAYA :

À cet homme ainsi envahi de pitié,
les yeux voilés de larmes,
désemparé,
Krishna tint ces paroles. 1

KRISHNA :

Dans cette épreuve, Arjuna, d'où provient
le désarroi qui t'habite,
sans rapport avec un *arya*,
contraire au ciel et à la gloire ? 2

Ne sois pas lâche, c'est indigne de toi.
Chasse de ton cœur
cette faiblesse futile,
relève-toi, guerrier ! 3

ARJUNA :

Mais comment, moi, dans cette guerre,
tournerai-je mes flèches
contre Bhîsma et Drona,
tous deux dignes de respect ? 4

Plutôt que de tuer mes maîtres vénérés,
mieux vaudrait vivre d'aumônes en ce monde,
car, si je tuais ces maîtres, fussent-ils âpres au gain,
leur sang emplirait ma vie. 5

Nous ignorons ce qui serait le plus dur à subir,
être vainqueurs ou vaincus.
La mort des Kaurava qui sont là devant nous
nous enlèverait tout désir de vivre. 6

La compassion est un mal qui m'atteint
au plus profond de moi-même.
Je t'interroge,
car ce que je dois faire dépasse mon esprit.

Ce qui serait le mieux,
dis-le moi clairement,
je suis ton disciple, je m'en remets à toi,
instruis-moi ! 7

Car je ne vois pas ce qui m'arracherait
au chagrin qui tarit mes forces,
ni la possession, ici bas, d'un royaume prospère et sans rival
et pas davantage la maîtrise du ciel. 8

Samjaya :

Ainsi parla à Krishna, Arjuna le guerrier.
Sur ces mots :
« Je ne combattrai pas »,
il garda le silence. 9

À celui qui se tenait ainsi,
désemparé au milieu des deux armées,
Krishna, en éclatant presque de rire,
adressa ces paroles. 10

Krishna :

Tu pleures sur des êtres qui n'ont pas à être pleurés,
et tu dis des paroles de sagesse.
Mais les sages
ne pleurent ni les morts ni les vivants. 11

Jamais je n'ai été sans être, ni toi non plus,
ni ces princes des hommes,
et jamais ne viendra le temps où nous cesserons
d'avoir une existence. 12

Un homme, dans son corps, traverse
enfance, jeunesse, vieillesse,
mais il aura d'autres corps,
le sage ne s'en émeut pas. 13

Les impressions des sens, Arjuna,
chaud et froid, plaisir et déplaisir,
vont et viennent, elles sont fugitives,
cherche à les affûter. 14

L'homme qu'elles ne troublent pas, Arjuna,
le sage,
pour qui plaisir et déplaisir se valent,
atteint ce qui ne meurt pas. 15

Ce qui n'est pas ne peut venir à l'être,
et ce qui est ne peut cesser d'être,
ceux qui ont perçu le principe des choses
connaissent les limites de l'être et du non-être. 16

Étranger à la mort, sache-le, est ce par quoi
cet univers est déployé.
Ce qui est immuable, il n'est au pouvoir de personne
de le détruire. 17

Les corps que voici ont un terme mais, face à l'éternel,
on les nomme âmes incarnées
et, face à l'infini, ils sont étrangers à la mort,
aussi combats, Arjuna ! 18

Croire que l'un est tué et que l'autre tue,
c'est également se tromper :
personne n'est tué
ni ne tue.   19

Ni naissance ni mort n'existent
pour qui n'a jamais eu, pour qui jamais n'aura
d'existence physique.
Sans naissance, éternel, permanent, immémorial,
Cela n'est pas tué, quand le corps est tué.   20

Celui qui sait que ce qui est étranger à la mort
l'est éternellement,
parce que c'est au-delà de l'espace et du temps,
comment un tel homme peut-il croire, Arjuna,
qu'il tue ou fait tuer quelqu'un ?   21

De même qu'un homme rejette ses vieux habits
et en prend d'autres, neufs,
ainsi l'âme incarnée rejette ses vieilles dépouilles
pour en emprunter de nouvelles.   22

Nulle arme ne l'entame et nul feu ne la brûle,
nulle eau ne la mouille,
et nul vent ne la dessèche.   23

Insensible à l'acier, au feu,
à l'eau et au vent,
elle est une et partout présente,
immuable, immobile,
elle est de toute éternité.   24

Elle est au-delà des sens, au-delà de l'esprit,
et au-delà des formes.
Sachant qu'elle est ainsi,
tu n'as nul lieu de pleurer.   25

Et si tu penses que, née pour toujours,
quand elle est morte, c'est pour toujours,
là encore, Arjuna,
tu n'as nul lieu de pleurer. 26

Ce qui est né doit mourir, ce qui est mort
doit renaître.
Aussi, devant l'inéluctable,
tu n'as nul lieu de pleurer. 27

Le non-manifesté est à l'origine des êtres,
leur vie appartient au visible,
avant de regagner le non-manifesté.
Y a-t-il lieu de se lamenter ? 28

Tel voit l'âme incarnée comme un prodige,
tel autre encore la dira prodige,
tel autre encore entendra dire qu'elle est prodige,
mais, en réalité, même l'entendre dire
ne permet pas de la connaître. 29

L'âme est à jamais intangible
dans le corps de tout être.
Aussi, sur personne
tu n'as lieu de pleurer. 30

Un simple regard à ton devoir
doit te tirer de tes doutes.
Rien, pour un Kshatriya, n'est meilleur
qu'un combat légitime. 31

Providentiel est un tel combat.
Il ouvre la porte du ciel.
Heureux les Kshatriya auxquels il échoit ! 32

Si tu ne livres pas ce combat légitime,
tu failliras à ton devoir,
à ton honneur,
et tu feras ton infortune. 33

Bien plus, ce déshonneur,
on en fera courir le bruit irréversible.
Pour un homme accompli,
le déshonneur est pire que la mort. 34

« La peur l'a écarté du combat »,
penseront les guerriers,
et ceux qui te tenaient en haute estime
ne te prendront plus au sérieux. 35

Tes ennemis auront sur toi des mots infâmes,
ta valeur sera calomniée,
quoi de plus dur ? 36

Mort, tu obtiens le ciel,
vainqueur, tu gagnes la terre.
Aussi, relève-toi,
enfin résolu à combattre. 37

Vois d'un œil égal souffrance et plaisir,
richesse et misère, défaite et victoire,
tiens-toi prêt au combat,
rien de mal ne t'arrivera. 38

Telle est la vision rationnelle des choses,
apprends de moi leur vision globale,
tu seras intérieurement détaché,
rien ne t'empêchera d'agir. 39

Dans cette voie, nul commencement n'est vain,
nul retour en arrière n'existe,

si peu que ce soit de cette vérité
nous arrache à la peur. 40

Quand elle est résolue, la conscience
est totalité, Arjuna,
mais ramifiée et sans fin
est la conscience des indécis. 41

Il est des naïfs qui tiennent
des discours fleuris,
comblés par la lettre du Veda,
ils disent que rien d'autre n'existe. 42

Ils ne sont que désir, et le ciel est leur but,
mais le fruit de leur action
est renaissance,
ils s'embourbent
dans le détail liturgique,
ils sont soumis à la puissance des objets. 43

Entièrement rivé à la puissance des objets,
leur esprit
est constamment distrait par ces discours.
Même si leur conscience est, par nature, résolue,
elle n'existe pas dans son intégrité. 44

Les Veda ont pour objet la nature des choses ;
reste en dehors, Arjuna,
reste en dehors de la dualité en demeurant sans cesse
dans ton être.
Ne cherche pas non plus à posséder
le détachement intérieur,
sois totalement ton être. 45

Quand tout est inondé,
un puits a autant d'intérêt

que tous les Veda en ont pour un Brahmane
quand il sait voir. 46

Il t'appartient d'agir sans jamais un regard
pour les fruits de l'action.
Ne fais jamais du fruit de l'action ton mobile,
mais ne sois pas non plus attaché
à la non-action. 47

C'est en agissant au cœur de l'action
qu'on est délivré de toute attache, Arjuna.
Demeure égal dans le succès comme dans l'insuccès.
C'est cette égalité même
qui est détachement intérieur. 48

En effet, de très loin, l'action est inférieure
au détachement intérieur, Arjuna.
Cherche refuge dans la conscience,
Ceux pour qui les fruits de l'action sont leur mobile
méritent la pitié. 49

Quand on est intérieurement détaché,
ce qui s'est fait, bien ou mal, n'a plus lieu d'être.
Aussi reste sans cesse intérieurement détaché,
le détachement intérieur
est la source de toute action. 50

Le fruit de l'action, c'est, en effet,
parce qu'ils sont détachés
que les sages y renoncent.
Délivrés des fardeaux liés à la naissance,
ils touchent à un état où rien ne les affecte. 51

Lorsque ta conscience aura traversé
le labyrinthe des ténèbres,

tu n'auras plus besoin de savoir
ce qui se dit et ce qui se dira. 52

Lorsque ta conscience,
écartelée par tout ce qui se dit,
deviendra immobile,
immuable en elle-même,
alors tu atteindras
au détachement intérieur. 53

Arjuna :

L'être qui a cette sagesse, comment le définir
dans son intégrité, ô Krishna ?
Possédant la lumière, comment s'exprime-t-il ?
Comment est-il assis et comment marche-t-il ? 54

Krishna :

Lorsqu'il a perdu ses désirs,
qui viennent tous de la pensée,
qu'il est heureux en lui, par lui-même,
on dit qu'il a cette sagesse. 55

Celui dont la pensée n'est pas troublée par les souffrances,
qui n'a aucun désir pour le plaisir,
qui n'a ni peur, ni passion, ni colère,
on dit que c'est un sage
possédant la lumière. 56

Celui qui, en toute occasion, n'éprouve nul désir
et qui, face au bien et au mal
qui lui échoient,
n'éprouve nulle attirance ou nulle répulsion,
il a cette sagesse. 57

Lorsque, des objets, il retire ses sens,
comme une tortue rétracte ses membres,
il a cette sagesse. 58

Pour l'âme incarnée qui ne s'en nourrit plus,
les objets alors disparaissent.
Seule en demeure la saveur.
La saveur disparaît
quand l'âme incarnée en a vu le terme ultime. 59

Même s'il est vigilant, Arjuna, l'homme avisé
est harcelé par ses sens,
qui font de son esprit leur otage. 60

Quand il les aura maîtrisés,
il sera détaché en lui-même
s'il a ce que je suis pour horizon.
Celui qui a ses sens en son pouvoir,
on dit qu'il a cette sagesse. 61

C'est en posant sa pensée sur les objets sensibles
que s'attache à eux l'homme.
Le désir naît de ces attaches,
la colère surgit du désir, 62

Le trouble naît de la colère,
et la confusion naît du trouble,
la confusion met fin à la conscience,
et c'en est fini de l'homme. 63

Mais quand on parcourt le monde sensible
avec des sens affranchis d'amour et de haine,
soumis à soi-même,
on se rend libre, on atteint la sérénité. 64

Cette sérénité met un terme
à toutes les souffrances.
Celui dont la pensée est devenue sereine,
sa conscience, aussitôt, devient
réalité totale.   65

Mais, sans détachement, il n'est pas de conscience
et, sans détachement, on ne peut pas créer,
et pour qui ne crée pas, pas de sérénité,
et, sans sérénité, d'où viendrait l'équilibre ?   66

Quand sa pensée subit la loi des sens mobiles,
elle emporte toute sagesse,
comme, le vent,
un navire sur l'océan.   67

C'est pourquoi, Arjuna, celui dont tous les sens
sont dissociés de leurs objets,
on dit qu'il a cette sagesse.   68

Ce qui est nuit pour tous les êtres,
pour l'être maîtrisé est jour.
Ce qui pour autrui est jour
est nuit pour le sage qui sait.   69

Celui en qui tous les désirs se perdent
comme les eaux se perdent
dans l'océan,
lequel s'emplit sans cesse
et pourtant demeure immuable,
cet homme atteint à la sérénité,
ne désirant plus les désirs.   70

Quand on a perdu tout désir,
et qu'on vit désormais sans attaches,

sans possession, affranchi de soi-même,
on atteint alors à la sérénité. 71

Telle est la vérité spirituelle, Arjuna.
Quand on l'atteint, cesse l'incertitude.
S'y trouver, même au bord de mourir,
nous fait nous résorber
dans la conscience ultime. 72

III

DE L'ACTION

Arjuna :

Si supérieure à l'action est, selon toi, la conscience,
alors pourquoi me pousses-tu, Krishna,
à une action terrible, pourquoi ?   1

J'ai l'impression que tes propos se contredisent ;
ils troublent ma clarté d'esprit.
Aussi, dis-moi précisément cela seul
qui me permette d'être juste.   2

Krishna :

En ce monde, il existe une réalité qui a deux formes,
je te l'ai déjà dite, Arjuna :
la pensée usera de la connaissance,
le détachement usera de l'action.   3

Ce n'est pas en s'abstenant d'agir
que l'homme atteint la non-action.
Ce n'est pas non plus en renonçant au désir
qu'il atteint pleinement son but.   4

Nul, en effet, même un instant,
ne peut demeurer sans agir.
Car tout être est poussé, sans pouvoir s'y soustraire,
à accomplir l'action.   5

Qui maîtrise ses actes, tout en gardant présent à la pensée
les objets sensoriels,
évolue dans l'erreur et dans la confusion. 6

Mais qui maîtrise, par la pensée, ses sens
et se met tout entier dans l'action,
c'est lui le seul à ne pas être attaché. 7

Accomplis inlassablement l'action, l'action
est supérieure à la non-action.
Les simples besoins physiques, la non-action
ne saurait les résoudre. 8

Hormis l'action qui a pour but le sacrifice,
toute action en ce monde est une contingence.
C'est pour cela que tu dois, Arjuna, accomplir tous tes actes
avec le plus complet détachement. 9

Prajâpati, jadis, déclara, quand il eut créé les êtres
et le sacrifice :
« Que le sacrifice vous fasse vous reproduire !...
Que ce soit lui la source élue de vos désirs !... 10

Que les dieux vous fassent exister
par le sacrifice qui les fait eux-mêmes exister !
En vous faisant mutuellement exister,
vous atteindrez au bien suprême. 11

Les biens que vous souhaitez,
les dieux vous en feront présent,
les dieux que le sacrifice a fait être.
Jouir de leurs faveurs sans rien leur rendre,
c'est tout simplement les voler. 12

En consommant les restes du sacrifice,
les êtres purs sont affranchis de tout mal,

mais ceux qui sacrifient pour leur bien exclusif,
ces êtres vils n'ont que souillure à récolter. 13

De la nourriture ont surgi les êtres,
la nourriture est née de la pluie,
la pluie est née du sacrifice,
le sacrifice est né de l'action, 14

l'action est née de la Conscience, sache-le,
la Conscience est née de l'impérissable.
C'est pourquoi la Conscience, présente en toute chose,
est, dans le sacrifice, toujours présente. » 15

Ainsi tourne la roue cosmique.
Qui, ici-bas, ne la fait pas tourner sans cesse,
vaine est son existence.
Réduite à l'univers des sens,
sa vie est un non-sens, Arjuna. 16

Mais l'homme, en vérité, qui fait de sa réalité intime
le terme de lui-même,
heureux en lui et par lui-même,
n'a rien à accomplir. 17

Pour lui, en vérité, agir, ne pas agir,
n'ont plus lieu d'être en ce monde.
Pour lui, dans le monde des formes,
nul ne donne lieu à objet. 18

Aussi, c'est sans attachement
que tu dois accomplir l'action.
C'est en accomplissant l'action, en effet, sans attaches,
que l'homme atteint le terme ultime. 19

C'est, en effet, par l'action que Janaka et d'autres
ont atteint pleinement leur but.

En vérité, c'est en considérant totalement
l'intégrité du monde
qu'il t'appartient d'agir. 20

Ce que fait le meilleur des êtres,
cela, autrui le fera.
C'est en ce qu'il accomplit d'opportun
que le monde le suit. 21

Pour moi, Arjuna, il n'y a rien à accomplir
dans les trois mondes.
Il n'y a rien à acquérir, rien que je n'aie acquis,
et pourtant je suis dans l'action. 22

En effet, Arjuna, si je n'étais pas infatigablement
dans l'action,
les hommes suivraient mon exemple,
universellement. 23

Ces mondes que tu vois seraient bouleversés
si je n'agissais pas.
Je provoquerais le chaos,
je frapperais au cœur les créatures. 24

C'est attachés à leurs actes, Arjuna,
que les ignorants agissent.
Mais le sage agira sans attache,
soucieux de préserver l'intégrité du monde. 25

Il ne doit pas perturber la conscience
de ceux qui sont privés de connaissance,
attachés à l'action.
Il ne désavouera aucune action, sachant qu'il agit, lui,
pleinement détaché. 26

Tout acte est provoqué
par l'énergie de la matière.
C'est parce qu'on est aveuglé par soi-même
qu'on pense être l'auteur de ses actions.　　　27

Mais celui qui connaît le principe des choses, Arjuna,
quand il a compris que, dans la relation action-matière,
seule la matière agit dans la matière,
cet être, alors, n'a plus d'attachement.　　　28

Ceux qui sont aveuglés par la matière
sont enchaînés à son action.
Ils n'ont qu'une connaissance incomplète ;
celui qui sait n'a pas à les désorienter.　　　29

Remets en moi toute action,
plonge ta pensée dans l'Esprit,
sois sans désir et sans attache,
et combats sans trembler.　　　30

Telle est ma pensée, c'est ceux qui s'y conforment
sans faiblir, avec foi et candeur,
qui sont affranchis de leurs actes.　　　31

Mais ceux qui nient ma pensée et ne la suivent pas
sont aveuglés devant la connaissance ;
sache qu'ils sont perdus,
qu'ils n'ont plus de pensée.　　　32

Même un sage agira selon son naturel ;
la création suit la nature,
qu'y fera la contrainte ?　　　33

Désir et répulsion résident, pour les sens,
dans l'objet qui est leur.

Il ne faut pas tomber dans leur double pouvoir,
ce sont tous deux des obstacles
dressés sur la route. 34

Son propre devoir, même imparfait, est préférable
au devoir d'autrui,
fût-il exceptionnel.
Meilleure est l'assise dans son propre devoir,
le devoir d'autrui est source de danger. 35

Arjuna :

Par quelle impulsion l'homme est-il poussé
à mal faire, même contre son gré,
ô Krishna, comme si une force exerçait sur lui
sa contrainte ? 36

Krishna :

C'est le désir, né de la fièvre de l'action,
c'est lui le grand vorace, le grand malfaisant ;
ici-bas, sache-le,
c'est lui l'ennemi. 37

Comme la fumée cache le feu
et la poussière le miroir,
comme une membrane recouvre l'embryon,
c'est lui qui recouvre le monde. 38

C'est lui qui, pour le sage, masque la connaissance,
c'est lui l'éternel ennemi
qui a la forme du désir, Arjuna,
et qui est un feu insatiable. 39

Les sens, la pensée, la conscience en sont le siège.
Il se sert d'eux pour perturber

l'âme incarnée
après avoir voilé la connaissance. 40

Aussi commence, Arjuna, par maîtriser tes sens,
chasse en effet ce malfaisant
car c'est lui qui détruit
la perception de la connaissance. 41

Au-delà du désir sont les sens, au-delà des sens
est la pensée,
et par-delà la pensée est la conscience,
au-delà de la conscience est l'âme incarnée. 42

Sachant qu'elle est au-delà de la conscience,
affermis-toi par elle,
frappe, ô guerrier, ton ennemi dont la forme est désir,
dont le contact est un danger. 43

IV

DE LA CONNAISSANCE
ET DU RENONCEMENT À L'ACTION

Krishna :

C'est à Vivasvat que j'ai transmis, intact,
ce détachement intérieur ;
Vivasvat l'a transmis à Manu,
Manu l'a transmis à Ikshvaku.   1

Ainsi, transmis d'âge en âge,
les premiers voyants l'ont connu.
Mais un très long temps a passé
et le détachement intérieur s'est perdu.   2

C'est bien lui que je t'ai transmis, aujourd'hui,
tel qu'il était jadis.
Que tu le partages avec moi et que tu sois mon ami,
c'est cela le plus grand des mystères.   3

Arjuna :

Ta naissance est récente
et lointaine est celle de Vivasvat.
Comment puis-je comprendre que tu aies parlé
à l'origine des temps ?   4

Krishna :

Innombrables sont mes naissances passées,
innombrables aussi les tiennes, Arjuna !
Mais moi je les connais toutes,
et toi, tu les ignores. 5

Bien que je sois au-delà de l'espace et du temps,
bien que, seigneur des créatures,
j'entre dans ma création
et m'incarne par ma puissance propre. 6

Chaque fois que chancelle l'ordre cosmique
et que surgit le chaos,
je me fais, chaque fois,
moi-même, créature. 7

Pour le salut des justes,
pour la perte des malfaisants,
pour rétablir l'ordre cosmique,
je prends naissance d'âge en âge. 8

Ma naissance et mes actes sont d'essence divine,
qui sait cela vraiment
quitte son corps pour ne plus jamais renaître,
il accède à ce que je suis, Arjuna. 9

Affranchis des passions, de la peur et de la colère,
semblables à moi, tournés vers moi,
purifiés par le feu de la connaissance,
ils sont nombreux
ceux qui sont parvenus à ce que je suis. 10

C'est du degré d'abandon des hommes
que dépend mon degré d'ouverture.

Les hommes, d'où qu'ils viennent,
croisent sans cesse ma route.   11

Ceux qui visent au succès de leur actes
sacrifient ici-bas aux dieux.
Rapide en effet dans le monde des hommes
est le succès né de l'action.   12

C'est de moi que sont sorties les castes,
réparties selon l'action de la nature.
J'en suis l'auteur, c'est vrai, et pourtant,
sache-le, je n'agis pas
car je suis au-delà de l'espace.   13

Nulle action ne m'affecte, le fruit des actes
me laisse insensible.
Me connaître tel,
c'est ne plus être entravé par l'action.   14

C'est avec cette connaissance qu'ont agi,
même en des temps reculés,
ceux qui voulaient se libérer.
Aussi, agis comme le firent les anciens,
il y a très longtemps de cela.   15

Qu'est-ce que l'action ? Qu'est-ce que la non-action ?
Même les poètes d'antan
en restaient interdits.
Je vais te dire ce qu'est l'action.
Une fois éclairé,
tu seras délivré de tout mal.   16

Bien sûr, on peut avoir des lumières sur l'action,
sur l'action imparfaite, aussi,

et, sur la non-action, on peut avoir également
des lumières,
mais les chemins de l'action sont insondables. 17

Celui qui voit la non-action dans l'acte,
et l'acte dans la non-action,
c'est lui le clairvoyant parmi les hommes.
Intérieurement détaché,
il accomplit totalement l'action. 18

Celui dont toutes les actions sont vides
de tout ce que modèle le désir,
et dont les actes
sont alors consumés par le feu de la connaissance,
cet homme, les gens avisés le nomment un sage. 19

Celui qui n'a aucune attache avec le fruit des actes,
sans cesse heureux, libre de toute inclination,
même s'il est présent tout entier dans l'action,
en vérité, n'accomplit rien. 20

Libre de tout désir, maître de sa pensée,
n'ayant plus rien à posséder,
ce n'est que par son corps qu'il accomplit l'action,
il n'encourt aucun mal. 21

Heureux de tout ce qu'il advient,
au-delà de toute dualité,
libre d'envie,
égal dans l'échec comme dans le succès,
même en agissant
il n'est pas lié à l'action. 22

Sans attachement, libéré,
sa pensée devenue connaissance,

celui qui agit pour le sacrifice,
son action, totalement, se résorbe. 23

La Conscience est le geste d'offrande,
la Conscience est l'offrande,
c'est la Conscience qui est versée dans le feu
par la Conscience elle-même.
Il peut aller à la Conscience,
celui qui a remis en elle toute action. 24

C'est le sacrifice des dieux que partagent certains,
intérieurement détachés.
D'autres, c'est dans le feu de la Conscience
qu'ils versent le sacrifice
par le sacrifice. 25

D'autres, c'est dans le feu de la maîtrise sensorielle
qu'ils versent les organes de leurs sens.
D'autres versent dans le feu de leurs organes
les objets de leurs sens. 26

D'autres, encore, ce sont les activités
de leurs sens et de leur souffle
qu'ils versent dans le feu de leur détachement intérieur
issu de leur propre maîtrise,
un feu allumé par la connaissance. 27

Il y a ceux qui sacrifient les biens matériels,
ceux qui sacrifient l'ascèse, et d'autres encore
qui sacrifient le détachement intérieur,
et ceux qui sacrifient connaissance et savoir :
ascètes aux vœux inébranlables. 28

C'est dans l'expiration que d'autres versent
l'inspiration, et d'autres encore

versent l'expiration dans l'inspiration.
Suspendant le double mouvement
d'inspiration et d'expiration,
ils ont pour but de maîtriser leur souffle. 29

D'autres, réglant leur nourriture,
versent leur souffle dans leur souffle.
Tous ces êtres-là, connaissant le sacrifice,
sont purifiés par lui. 30

L'immortel est dans les restes du sacrifice,
ceux qui les consomment vont à l'immémoriale Conscience.
Ce monde n'est pas pour qui s'abstient de sacrifice,
que dire alors de l'autre, Arjuna ? 31

Aussi divers qu'ils soient, les sacrifices
sont disposés dans la bouche de la Conscience.
Sache qu'ils sont tous nés de l'action,
sachant cela, tu seras libéré. 32

Sacrifier par la connaissance vaut mieux, Arjuna,
que de sacrifier avec des biens matériels.
Toute action s'accomplit totalement
dans la connaissance. 33

Apprends-le par l'humilité, la quête,
la persévérance.
Les sages, ceux qui ont perçu le principe des choses,
te montreront la connaissance. 34

Cette connaissance acquise, tu ne retomberas plus
dans la confusion, Arjuna.
Elle te fera percevoir totalement la création en toi,
c'est-à-dire en moi. 35

Même si tu es le plus grand des criminels,
de tous les criminels,
Tu franchiras toute épreuve
grâce au vaisseau de la connaissance.   36

De même qu'un feu allumé réduit en cendres
le combustible, de même
le feu de la connaissance
réduit en cendres toute action.   37

En effet, il n'est pas ici-bas de purificateur
égal à la connaissance.
Cela, avec le temps, celui qui est parvenu
au détachement intérieur
le découvre lui-même.   38

C'est par la foi que l'on obtient
la connaissance,
quand on en fait son but,
quand on est maître de ses sens.
Et quand on a acquis la connaissance,
on parvient sans retard à la sérénité ultime.   39

Celui qui n'a ni connaissance, ni foi,
qui est la proie du doute,
signe sa perte.
Ni ce monde, ni l'autre, ni paix ne sont pour qui
est proie du doute.   40

Celui dont toute action s'est résorbée
dans le détachement intérieur,
dont le doute a été tranché par la connaissance,
qui est seulement lui-même,
ses actions ne l'enchaînent pas, Arjuna.   41

Aussi, ce doute, créé par l'ignorance et inscrit dans ton cœur,
tranche-le par l'épée de la connaissance,
demeure intérieurement détaché,
lève-toi, Arjuna. 42

V

DU RENONCEMENT À L'ACTION

Arjuna :

Tu prônes le renoncement à l'action, Krishna,
et, par ailleurs, tu me pousses à agir.
Le meilleur des deux,
dis-le moi clairement. 1

Krishna :

Renoncer à l'action, agir avec détachement,
tous deux conduisent au bien suprême.
C'est du renoncement à l'action que provient
le détachement dans l'action. 2

Il faut savoir qu'un tel renoncement
appartient sans cesse
à celui qui n'a ni répulsion ni attirance.
Affranchi, en effet, Arjuna, de la dualité,
il se libère aisément de ses liens. 3

La connaissance et l'action,
les enfants les voient différentes,
mais pas les sages.
Il suffit d'être engagé tout entier dans l'une
pour obtenir le fruit des deux. 4

Ce que la connaissance obtient,
l'action permet aussi d'y accéder.
Voir que connaissance et action
ne font qu'un,
c'est cela qui est voir.   5

Mais le renoncement, Arjuna, il est ardu de l'obtenir
sans détachement intérieur.
C'est inflexiblement détaché qu'un sage
accède à la Conscience,
et sans délai.   6

Intérieurement détaché, on n'offre aucune prise.
Maître de soi, on maîtrise ses sens.
Devenu la création tout entière,
plus rien ne nous affecte en agissant.   7

« En vérité je n'accomplis rien », c'est ce que pensera,
dans son détachement,
celui qui connaît le principe des choses.
Voir, entendre, toucher, sentir, manger, se mouvoir,
dormir, respirer,   8

s'exprimer, laisser, prendre, et même
ouvrir ou fermer les yeux,
dans ces actions, il sait que seuls les sens
opèrent sur leurs objets.   9

La Conscience est le lieu de ses actes,
aussi, c'est sans attachement qu'il les accomplit ;
le mal glisse sur lui
comme sur un lotus l'eau de pluie.   10

C'est après avoir perdu tout attachement
et s'être ainsi soustrait à toute influence

que les êtres intérieurement détachés agissent
avec leur corps, avec leur esprit, avec leur conscience,
voire avec leurs seuls sens. 11

Détaché, on renonce au fruit de l'action,
on atteint la sérénité ultime.
Sinon, sous l'action du désir, on reste
prisonnier du fruit de ses actes. 12

Quand elle a renoncé par l'esprit à tout acte,
l'âme incarnée demeure aisément,
d'elle-même,
dans la cité aux neuf portes ;
elle n'agit pas plus qu'elle ne fait agir. 13

Le Créateur du monde n'engendre
ni les actes, ni leur auteur,
ni le lien entre les actes et leur fruit ;
c'est notre propre nature qui parle. 14

Imprégnant toute chose, le Créateur du monde
n'est pour personne
le réceptacle du mal et du bien.
L'ignorance est, pour la connaissance,
un voile opaque,
et plonge ainsi les créatures
dans la plus noire confusion. 15

Mais ceux pour qui la connaissance
a fait s'évanouir l'ignorance,
pour eux, tel un soleil, la connaissance
illumine le terme ultime. 16

Elle est leur conscience, elle est leur être,
leur fondement, leur terme,

ainsi parviennent-ils à l'état sans retour
car la connaissance a fait se volatiliser
toute affliction. 17

À l'égard d'un brahmane maîtrisant le savoir,
à l'égard d'une vache, d'un éléphant, d'un chien,
et aussi d'un mangeur de chien,
les sages ont le même regard. 18

En vérité, ici-bas, seuls triomphent des formes
ceux dont la pensée a ce regard égal.
En effet, hors de toute affliction, égale,
est la Conscience,
aussi sont-ils situés dans la Conscience. 19

Le connaisseur de la Conscience est situé
dans la Conscience ;
un bien ne l'émeut pas plus
qu'un mal ne l'afflige.
Sûre est sa clairvoyance
et plus rien ne le trouble. 20

Libéré de ses perceptions,
il trouve en lui son équilibre.
Intérieurement détaché,
il accède aisément
à l'impérissable Conscience. 21

En effet, les plaisirs issus des sens
ont, en réalité, pour creuset la souffrance.
Ils ont un début et ils ont une fin, Arjuna ;
nul homme avisé ne s'y arrête. 22

Celui qui, ici-bas, est apte à endurer,
avant même d'être affranchi de son corps,

l'agitation qui surgit du désir et de la colère,
cet homme est véritablement détaché,
cet homme est en paix. 23

Celui dont l'équilibre, la joie et aussi la lumière
sont en lui-même,
cet être atteint la Conscience
où se résorbe toute chose
car il est devenu cette Conscience. 24

Gagnent le royaume de la Conscience
les Rishi que plus rien n'affectent,
soustraits à la dualité,
maîtres d'eux-mêmes.
Il s'en tiennent au bonheur de tous les êtres. 25

Ce sont les ascètes affranchis de désir et de colère,
maîtres de leur pensée,
qui se résorbent entièrement
dans la Conscience :
ils connaissent leur vraie nature. 26

C'est en laissant ses perceptions hors de soi-même,
en gardant son regard au milieu des sourcils,
en maintenant égal le souffle
qui va et vient à travers les narines, 27

en maîtrisant lucidité, pensée et sensibilité,
en restant silencieux,
– le but ultime étant la délivrance –,
que l'on fait disparaître
désir, peur et colère :
on est alors, en vérité, à jamais délivré. 28

Je suis celui à qui échoit le feu des sacrifices,
car je suis le Seigneur de l'ensemble des mondes.
Je suis l'ami de cœur de tous les êtres.
Qui me connaît ainsi atteint à la sérénité.

VI

DE LA MAÎTRISE DE SOI

Krishna :

C'est en accomplissant l'action à faire,
sans être sensible à ses fruits,
qu'on est à la fois le renonçant et l'acteur détaché,
mais ce n'est pas en s'abstenant des rites, en s'abstenant d'agir
qu'on y parvient.   1

Ce qu'on nomme renoncement,
c'est le détachement dans ses actes,
sache-le, Arjuna.
Nul, en effet, n'est acteur détaché,
si, dans sa pensée, une image persiste.   2

Qui veut, dans le silence, atteindre
à ce détachement,
son instrument est l'acte.
Et pour qui a atteint à ce détachement,
son instrument est la sérénité.   3

Lorsqu'en effet aucun attachement n'existe
pour les objets ou pour les actes
et que, dans l'esprit, aucune image ne persiste,
alors on a atteint à ce détachement.   4

Il faut se soutenir en soi
plutôt que de s'affaisser dans le doute.

En vérité, on est son propre ami
tout comme on est son ennemi. 5

Maître de soi, on est son propre ami
mais, en état d'hostilité pour ce qui n'est pas soi,
on se conduira envers soi
comme son ennemi. 6

Maître de soi et serein face au monde,
on demeure immuablement en soi
au sein de la dualité,
chaud et froid, plaisirs et déplaisirs,
orgueil et humilité. 7

Heureux de percevoir la connaissance,
situé en soi-même et maître de ses sens,
l'homme agissant, on le dit détaché
car il voit d'un même œil
l'or, la terre et la pierre. 8

À l'égard d'amis supérieurs, de ses proches ordinaires
ou d'ennemis haïssables,
à l'égard du bien et du mal,
seule subsiste
l'égalité de la conscience. 9

Il faut continuellement garder ce détachement intérieur
sans le faire savoir,
en restant solitaire, maître de sa pensée,
sans désirs, sans chercher à posséder. 10

En édifiant en un lieu aéré un siège stable,
ni trop haut, ni trop bas,
recouvert d'herbe, d'une peau d'antilope
et d'une étoffe, 11

en concentrant en un point sa pensée
pour maîtriser l'activité des sens et des idées,
qu'installé sur ce siège
il garde ce détachement intérieur
pour éviter toute affliction. 12

Maintenant fermement immobile l'alignement
du corps, de la tête et du cou,
les yeux concentrés sur la pointe du nez,
sans laisser son regard
s'égarer dans l'espace, 13

serein face au monde, affranchi de ses peurs
et suivant, sans faillir, la voie de la conscience,
maître de sa pensée, n'ayant que moi en elle,
qu'il reste intérieurement détaché,
je suis le terme ultime. 14

Ainsi sans cesse intérieurement détaché,
maître de sa pensée,
il atteint à la sérénité dont le terme ultime est le lieu
où s'éteignent les souffles
et qui réside en moi. 15

Mais, dans l'excès de nourriture,
n'existe nul détachement,
pas plus que dans le jeûne forcené.
Dans l'excès de sommeil,
n'existe nul détachement,
pas plus que dans l'excès de veille, Arjuna. 16

C'est quand nourriture et repos sont judicieux,
quand judicieuse est l'énergie
dispensée dans ses actes

qu'existe le détachement
propre à résorber la souffrance. 17

C'est lorsque la pensée demeure en soi,
sans faiblir,
que cesse
l'attrait pour tout désir,
et c'est alors qu'on est détaché. 18

Semblable à une flamme
qui, protégée du vent, demeure droite,
telle est l'image qu'on évoque
pour qui est détaché, maître de sa pensée,
présent au cœur de ce détachement. 19

C'est un état où les pensées s'arrêtent,
suspendues par la pérennité de ce détachement,
où, se percevant par soi-même,
on est heureux en soi. 20

C'est un état où l'on connaît
un bonheur sans limites,
hors de portée des sens,
que seule la conscience perçoit.
Une fois qu'on s'y trouve,
on ne s'écarte plus de la réalité. 21

Et, quand cet état nous échoit, on sent
qu'il n'en existe au-delà aucun autre.
Quand on s'y trouve, une douleur, même violente,
ne peut nous faire vaciller. 22

Ce divorce d'avec la douleur,
c'est cela le détachement.

Il faut résolument demeurer détaché
avec une pensée sans failles. 23

Les désirs ont les idées pour origine.
Quand on a renoncé à eux, à tous,
sans aucune exception,
quand, par l'esprit, on a
maîtrise de ses sens, de tous,
sans aucune exception, 24

on peut alors, peu à peu, rester dans cet état
grâce à la fermeté de sa conscience.
Quand sa pensée est tout entière en soi,
on n'offre plus de prise aux idées. 25

D'où que surgisse la pensée,
qui est mobile et vagabonde,
il faut la contrôler et la conduire en soi,
résolument. 26

C'est quand on est détaché, serein dans sa pensée,
que nous échoit la paix suprême,
l'activité ne nous harcèle plus,
nous sommes alors Conscience,
plus rien ne nous affecte. 27

C'est en se maintenant ainsi sans cesse
que l'être détaché n'a plus rien qui l'affecte.
Aisément, il atteint un bonheur sans limites,
il a la pleine perception de la Conscience. 28

Son être en toute chose et toute chose en soi,
c'est cela qu'on perçoit quand on est détaché
car on garde en tout temps
un œil égal pour tout. 29

Celui qui me perçoit en toute chose
et perçoit toute chose en moi,
pour lui, je ne puis disparaître,
pas plus que lui ne le peut
à mes yeux. 30

Je suis en toute chose,
vivre dans l'unité, c'est partager mon être.
Quelle que soit sa façon d'exister,
quand on est détaché,
c'est en moi qu'on existe. 31

Quand on perçoit partout l'égalité de toute chose,
Arjuna,
parce que tout est semblable à soi,
que ce soit bonheur ou souffrance,
on est alors absolument détaché. 32

ARJUNA :

Ce détachement que tu définis, ô Krishna,
par un état d'égalité,
je n'en vois pas la réelle existence
en raison de notre mobilité. 33

Mobile est en effet, Krishna, la pensée,
turbulente, violente et obstinée.
La saisir est aussi difficile
que de saisir le vent. 34

KRISHNA :

Sans aucun doute, Arjuna, la pensée
est difficile à saisir,

elle est mobile.
Mais on la saisit, Arjuna,
quand on s'y voue tout entier, sans passions. 35

Sans maîtrise de soi, le détachement est inaccessible,
je le pense.
Celui qui s'y emploie avec sa volonté entière
peut naturellement y atteindre. 36

Arjuna :

Celui qui ne peut faire un tel effort,
dont la pensée fluctue loin du détachement
et qui ne peut pas du tout y atteindre,
où va-t-il, Krishna ? 37

Cet être coupé en deux n'est-il pas disloqué
comme des nuées en lambeaux,
sans rien sur quoi poser le pied, Krishna,
perdu sur le chemin de la Conscience ? 38

Mon doute, ô Krishna, c'est toi qui es à même
de le trancher tout entier.
Nul autre que toi n'existe en effet
qui puisse trancher ce doute. 39

Krishna :

Arjuna, en vérité, ni en ce monde, ni dans l'autre,
on ne périt.
Car, quand on agit justement,
on ne risque pas, mon ami, de se fourvoyer. 40

On atteint au séjour des justes,
on y séjourne des années innombrables
et c'est dans la maison d'êtres purs, rayonnants,
que l'on renaît
quand on a manqué le détachement. 41

Où bien alors on s'incarne
dans une famille où les êtres sont détachés,
pleins de sagesse,
mais plus difficile à obtenir en ce monde
est une telle naissance. 42

Là, il reprend alors sa conscience antérieure
et déploie de nouveau ses efforts, Arjuna,
pour atteindre à son but. 43

Il s'y voue comme avant, cela l'entraîne
sans même qu'il le veuille.
Même s'il ne désire que connaître
ce qu'est le détachement,
il va au-delà des simples mots
qui disent la Conscience. 44

Maître de sa pensée par son effort,
un être détaché, que rien n'affecte plus,
parvenu à son but au terme de vies sans nombre,
suit alors la voie suprême. 45

Un être détaché est par-delà l'ascèse,
et par-delà la connaissance même,
un être détaché est par-delà l'action ;
c'est pourquoi, Arjuna, demeure détaché. 46

Et puis, parmi les êtres détachés,
celui qui a part à moi-même avec foi,
tout lui-même venu en moi,
c'est lui qui est pour moi
l'être véritablement détaché.

VII

DE LA PERCEPTION DE LA CONNAISSANCE

Krishna :

Ta pensée plongée en moi, Arjuna,
gardant ton détachement intérieur
et faisant de moi ton refuge,
ainsi, sans aucun doute, sauras-tu qui je suis
dans ma totalité.
Écoute ! 1

Je vais, sans rien laisser dans l'ombre,
te dire la connaissance
et la perception qu'on en a.
Une fois cette connaissance acquise,
il ne reste ici-bas absolument plus rien
à connaître. 2

Parmi des milliers d'hommes, il en est peu
qui tendent vers ce but.
Et même parmi ceux qui font tous leurs efforts
et y parviennent,
il en est peu qui réellement me connaissent. 3

Terre, Eau, Feu, Air, Éther, Pensée, Conscience
et sens du Moi,
telles sont les huit divisions de ma Nature. 4

Elle est manifestée.
Mais sache que je possède
une autre nature,
non-manifestée,
incarnée dans l'être vivant :
c'est elle qui soutient le monde. 5

Elle est le creuset de tout ce qui existe,
sache-le.
C'est moi qui suis, de l'univers entier,
et l'origine et le terme. 6

Au-delà de moi, rien n'existe, Arjuna.
Tout l'univers est suspendu en moi
comme sur un fil
des myriades de perles. 7

Je suis la saveur dans les eaux, Arjuna,
je suis la lumière, et du soleil et de la lune,
je suis dans les Veda le mantra Om,
je suis le son dans l'éther
et je suis la vitalité dans l'homme. 8

Je suis le parfum sacré de la terre
et je suis l'éclat dans le feu,
je suis la vie dans ce qui existe,
je suis l'ardeur chez les ascètes. 9

De ce qui est, je suis le germe, sache-le, Arjuna,
le germe immémorial.
Je suis la clairvoyance chez les sages,
je suis la gloire des héros, 10

je suis la force des forts, une force
affranchie de désir et de passion.

Je suis en toute chose le désir
en harmonie avec l'ordre cosmique, Arjuna. 11

Et les états de la nature, la transparence de l'aurore,
la fièvre de midi, la pesanteur du soir,
sache que c'est de moi qu'ils viennent,
mais moi je ne suis pas en eux,
c'est eux qui sont en moi. 12

Abusé par ces trois états faits de matière,
tout cet univers que voici
n'a pas conscience que je suis au-delà,
que je suis immuable. 13

Divine, en effet, mais aussi matérielle
est ma forme manifestée,
il est ardu d'aller au-delà d'elle.
En vérité, qui se tourne vers moi
passe au-delà de cette forme. 14

Abusés par leurs actes, hommes tombés très bas,
ils ne se tournent pas vers moi,
ceux dont ma forme étouffe la conscience,
ils gisent au cœur des ténèbres. 15

Il sont de quatre sortes, Arjuna, les êtres aux actes justes
qui ont part à ce que je suis :
l'homme livré au destin, l'homme qui désire connaître,
l'homme qui a pour but la richesse
et l'homme empli de connaissance. 16

D'entre eux, seul ce dernier,
sans cesse intérieurement détaché,
a part à la Conscience.

Pour lui, je suis cher, plus que tout,
et lui, pour moi, est cher. 17

Précieux, ils le sont tous, mais celui qui connaît,
il est vraiment lui-même,
c'est ma pensée :
par son détachement, il est en moi
comme en la voie la plus haute. 18

C'est au terme de naissances sans nombre
qu'un être qui connaît trouve refuge en moi.
Très difficile à rencontrer, l'âme profonde
qui sait que je suis toute chose. 19

Obnubilés par leurs désirs, les hommes
vont à d'autres dieux.
Cherchent-ils la maîtrise d'eux-mêmes ?
Leur nature est toujours leur maître. 20

Quiconque désire prier une forme
que la foi lui rend accessible,
cette foi, c'est moi qui l'accorde
et qui la rends constante. 21

Sa foi en fait un être détaché,
il cherche à se concilier cette forme,
les désirs qu'alors il éprouve,
c'est moi, en effet, qui les donne. 22

Mince est le gain pour ceux
dont la vision est courte.
C'est par le sacrifice qu'on accède aux dieux,
c'est en partageant ma nature qu'on vient à moi. 23

Moi qui suis au-delà des formes,
on me croit présent dans les formes,

c'est manquer de discernement.
C'est ignorer que ma nature est au-delà,
hors de tout changement
et à rien comparable. 24

Je ne suis pour personne visible,
ma propre création me cache.
Ainsi abusé, le monde ne voit pas
que je suis au-delà de l'espace et du temps. 25

Je connais les formes qui furent
et celles qui existent, Arjuna,
je connais les formes futures,
mais nul ne me connaît. 26

Surgie de la rivalité entre désir et répulsion,
la dualité rend aveugle, Arjuna.
C'est pour cela que dans le monde manifesté
toutes les formes ont une cécité totale. 27

Mais ceux que plus rien n'afflige,
les êtres aux actes justes
et, par là, affranchis de la dualité opaque,
ces êtres ont part à ma nature,
inébranlablement. 28

C'est en cherchant, une fois entré en moi,
à s'affranchir de la vieillesse et de la mort
qu'on voit que l'âme incarnée tout entière
et que l'action dans sa totalité
sont en réalité Conscience. 29

Voir que je ne fais qu'un avec l'âme des choses,
avec l'âme des dieux, avec l'âme du sacrifice,
le voir même à l'instant du grand départ,
c'est me voir d'une esprit enfin libre. 30

VIII

DE L'IMPÉRISSABLE

Arjuna :

Qu'est-ce que la Conscience ? Qu'est-ce que l'âme
incarnée ?
Qu'est-ce que l'action, ô Krishna ?
Qu'entends-tu par l'âme des choses ? Et, par l'âme des
Dieux,
que veux-tu dire ?   1

L'âme du sacrifice, comment et qui, ici bas,
dans ce corps, l'incarne, ô Krishna ?
Et, au moment du grand départ,
comment es-tu connaissable
quand on a la paix intérieure ?   2

Krishna :

La Conscience est ce qui ne meurt pas,
rien n'existe au-delà.
L'âme incarnée est le nom
de notre vraie nature.
Ce qui donne ses formes à la réalité, le souffle créateur,
on le nomme l'action.   3

L'âme des choses est un état périssable. L'âme des Dieux,
c'est l'homme des origines.
L'âme du sacrifice, c'est moi en vérité qui le suis
dans ce corps, valeureux Arjuna.   4

Au moment de quitter ce monde, quand on laisse
son corps et qu'on meurt,
toute son attention tournée vers moi, on parvient
à ce que je suis, là-dessus aucun doute. 5

Ce à quoi on prête attention
au moment de quitter son corps, au terme de sa vie,
c'est à cela qu'on accède, Arjuna,
et c'est ce qu'on devient inéluctablement. 6

C'est pourquoi, en tout temps, garde-moi
sans cesse en toi-même
et combats !
Si tu places en moi conscience et pensée,
tu parviendras à moi, sans aucun doute. 7

C'est sans cesser de penser avec détachement
et par nulle autre route
que l'on parvient, ô Arjuna, au Dieu Premier
au-delà duquel rien n'existe. 8

Qui garde en esprit le voyant primordial,
le guide,
plus ténu que l'atome,
auteur de toute chose, sans forme concevable,
habillé de soleil, au-delà des ténèbres, 9

et qui, au moment de mourir,
cessant de spéculer sans fin,
s'ouvre à l'éternité avec détachement,
sa seule force,
mettant sa puissance vitale entière
entre ses deux sourcils,
cet être-là parvient
à la conscience originelle, parvient au Ciel. 10

Ce que l'on nomme Impérissable, quand on sait,
ce lieu où parviennent les hommes
affranchis de toute passion
et dont le désir les fait suivre
la voie de la Conscience,
je vais te le décrire en quelques mots.   11

Maître de tous ses sens ouverts sur le monde,
la pensée retirée dans le cœur,
tout son souffle vital au sommet de la tête,
avec le détachement comme assise,   12

désignant la Conscience par l'unique syllabe Om,
me gardant sans cesse présent à l'esprit,
alors, au terme de sa vie, quand on quitte son corps,
on suit la voie suprême.   13

Si l'on me garde en esprit, sans cesse, indéfectiblement,
sa pensée habitée par rien d'autre,
alors, ô Arjuna, je suis aisément accessible,
car on est détaché, on ne cesse de l'être.   14

C'est en me rejoignant que les âmes profondes
ne connaissent plus la naissance,
source de la douleur, moment fugace :
elles ont touché au but ultime.   15

Les mondes, ô Arjuna, ceux de Brahmâ aussi,
recommencent leur ronde,
mais, quand on m'a rejoint, il n'y a plus
de renaissance.   16

Quand on sait que, pour Brahmâ, un jour a la durée
de quatre cent trente-deux millions de journées,
et qu'une nuit a la durée

de quatre cent trente-deux millions de nuits,
on connaît et le jour et la nuit. 17

De l'invisible, les formes visibles surgissent toutes
à l'approche du jour.
À l'approche du soir, elles se résorbent alors
dans ce qu'on nomme l'invisible. 18

En vérité, c'est ce peuple de formes,
venant sans cesse à l'existence,
qui se résorbe de soi-même à l'approche du soir,
Arjuna,
et resurgit à l'approche du jour. 19

Mais, au-delà de l'invisible, existe depuis toujours
une autre réalité,
sans forme manifestée,
qui, tandis que toute forme meurt,
survit à toute destruction. 20

On nomme impérissable ce sans-forme ; on dit
que c'est la voie suprême.
Pour qui l'atteint, pas de retour.
C'est, pour moi, la demeure ultime. 21

Ce sans-forme est l'homme originel,
et l'avoir en partage nous permet seul de l'atteindre,
mais rien d'autre.
C'est en lui que les formes existent,
par lui qu'a été déployé
tout cet univers que tu vois. 22

Le temps exact où l'être détaché, une fois disparu,
ne reprend plus de forme,
ou en reprend une autre,

ce temps, ô Arjuna,
je vais te l'indiquer. 23

Le feu, la lumière, le jour, la quinzaine claire,
les six mois où le soleil va au nord,
c'est le temps où, une fois disparus,
vont à la Conscience
ceux qui connaissent la Conscience. 24

Fumée, nuit, quinzaine sombre,
les six mois où le soleil va au sud,
c'est le temps où l'être détaché,
qui a atteint la lune et sa lumière,
s'incarne encore dans une forme. 25

Ces deux voies, la claire et l'obscure,
sont les deux dimensions permanentes du monde.
L'une conduit à l'absence de forme
et l'autre, à une forme. 26

C'est en connaissant ces deux voies qu'un être détaché
ne connaît pas le trouble, Arjuna.
Aussi, à chaque instant, Arjuna,
demeure détaché. 27

Ce qui, à propos des Veda, des sacrifices, des efforts,
et des aumônes,
est désigné comme le fruit du bien,
cela, un être détaché le dépasse
car il connaît la réalité tout entière,
et gagne alors le suprême séjour,
présent dès l'origine. 28

IX

DE LA JUSTE CONNAISSANCE

Krishna :

Le plus caché de toutes choses,
la connaissance et sa compréhension,
à toi, je vais le dire ;
tu es sans préjugés
et ce savoir
mettra un terme aux ténèbres. 1

C'est un savoir sans ombres, un secret lumineux,
une clarté incomparable,
immédiatement accessible,
c'est un savoir fondamental
très facile à rendre immuable. 2

Ceux qui n'ont pas foi en ces choses essentielles,
Arjuna,
sans pouvoir me rejoindre, retombent alors
dans la voie de l'existence et de la mort. 3

Par moi, par ma forme invisible, est déployé
tout cet univers que tu vois.
Toutes les formes sont en moi,
mais moi je ne suis pas en elles. 4

Les formes ne sont pas en moi ? Vois mon art de créer,
mon détachement créateur.

Je porte les formes sans exister en elles,
c'est mon être tout entier qui les fait être.   5

Le vent, dans sa puissance, se rend partout
et demeure, pourtant,
immuablement dans l'Espace.
Ainsi en est-il de tout ce qui existe
et qui se tient en moi.   6

Toutes les formes, Arjuna, se résorbent, à la fin d'un cycle ;
dans mon énergie matérielle,
puis au début d'un autre cycle,
je les fais surgir de nouveau.   7

C'est parce que je suis présent dans mon énergie matérielle
que je fais surgir, encore et sans cesse,
la totalité de ces formes sans nombre,
par la seule impulsion de cette énergie.   8

Et les actes ne sont jamais pour moi des liens, Arjuna,
je suis assis, comme étranger,
sans attachement pour les actes.   9

C'est parce que je suis simplement le témoin
que l'énergie matérielle engendre
l'animé et l'inanimé,
et c'est pour cette simple raison-là, Arjuna,
que le monde
poursuit inlassablement sa ronde.   10

On ne me reconnaît pas quand on est absorbé tout entier
par mon corps d'homme.
On ignore ma vraie nature,
celle de créateur des formes.   11

Vain est l'espoir, vaine est l'action,
vaine est la connaissance et vaine est la pensée
pour ceux qui sont tout entiers attachés
à l'énergie trompeuse,
à son activité et à son inertie. 12

Mais les âmes fortes, Arjuna,
portées par leur nature divine,
participent à mon être ;
leur pensée n'est habitée par rien d'autre,
elles savent que je suis immuablement
l'aube de toute chose. 13

Elles m'invoquent sans cesse,
elles se donnent à moi sans faiblir.
C'est parce qu'elles sont un avec moi
qu'elles s'inclinent devant moi.
Ainsi demeurent-elles perpétuellement détachées. 14

Bien plus, c'est en sacrifiant leur savoir que d'autres
m'approchent avec fidélité,
car je suis l'un et le multiple,
innombrables sont mes visages. 15

Je suis l'ardeur spirituelle, je suis le sacrifice,
je suis celui qui par lui-même existe,
je suis l'herbe sacrée,
je suis la parole authentique, je suis le beurre clarifié,
je suis le feu,
je suis l'offrande. 16

Je suis le père de ce monde, j'en suis la mère,
j'en suis le démiurge et l'ancêtre,
je suis la connaissance qui purifie l'esprit :

la syllabe Om, l'hymne, la mélodie
et la formule. 17

Je suis la voie et je suis le soutien de ce monde,
je le fais apparaître et j'en suis le témoin,
je suis tout à la fois et la demeure et le refuge,
je suis l'ami de cœur,
je suis l'origine, le terme et la durée,
je suis le fondement et le germe immuable du monde. 18

C'est moi qui donne la chaleur.
La pluie, c'est moi qui la retiens et la dispense.
Je suis en vérité tout à la fois
la mort et ce qui lui échappe,
je suis, Arjuna, et l'être et le non-être. 19

Les connaisseurs des trois veda, les buveurs de soma,
purifiés de leurs fautes,
m'offrent leurs sacrifices
avec pour but le ciel.
Et quand ils ont atteint le paradis d'Indra,
leur nourriture est la nourriture des Dieux,
manne céleste. 20

Et quand ils ont joui du monde céleste immense,
et que tout est tari de cette grâce,
ils retournent au séjour des mortels.
Ainsi soumis sans cesse aux traditions védiques,
n'obtiennent-ils que le monde mouvant
car ils ont le désir du désir. 21

Se tourner de tout son être vers moi-même,
avec, dans sa pensée, rien d'autre,
c'est être détaché pour toujours

car c'est moi qui apporte à ce détachement
la permanence.   22

Communier avec d'autres dieux
et leur sacrifier avec foi,
oui, même cela, Arjuna, c'est sacrifier à moi-même
sans que ce soit explicite.   23

En effet, je suis le bénéficiaire de tous les sacrifices,
j'en suis aussi, en vérité, l'initiateur,
mais on ne me reconnaît pas pour tel
et c'est la chute qui s'ensuit.   24

Ceux qui se vouent aux dieux vont au Ciel,
ceux qui se vouent aux ancêtres gagnent l'Espace
et ceux qui se vouent aux formes
gagnent la Terre,
mais ceux qui se vouent à moi,
c'est bien à moi qu'en vérité ils viennent.   25

Le fruit, la fleur, la feuille ou l'eau
qu'avec son cœur entier on m'offre,
cette offrande faite avec tout son cœur,
je m'en nourris,
elle est signe d'un être tout entier offert.   26

Tes actes, ta nourriture, tes offrandes, tes dons
et tes efforts, Arjuna,
accomplis-les
plein de confiance en moi.   27

En vérité, des fruits du bien et du mal
tu seras affranchi,
ils sont liés à l'action.

C'est en devenant un acteur détaché,
et, par-là, totalement libre,
que tu viendras réellement à moi. 28

Je ne fais pas de distinction dans tout ce qui existe,
nul n'est rejeté ni choisi,
mais ceux qui s'ouvrent à moi de tout leur cœur,
ils sont en moi et moi je suis en eux. 29

Et même sans conduite exemplaire,
si l'on s'ouvre à moi sans s'ouvrir à rien d'autre,
en vérité, on est sur la voie droite,
il faut le voir ainsi
car on a vu ce qui est juste. 30

On entre aussitôt dans le plan créateur,
on atteint une sérénité sans faille.
Rends-toi à l'évidence, Arjuna,
Ouvert à moi, on échappe à la mort. 31

C'est en effet en se tournant vers moi
que même ceux qui ont une naissance infortunée,
femmes, ouvriers, serviteurs,
même eux
suivent la voie suprême. 32

Que dire alors des brahmanes, et de leur chance,
que dire alors aussi des voyants
qui ont part à moi-même...
Tu es dans ce monde éphémère et difficile,
ouvre-toi à moi. 33

N'aie que moi pour pensée, n'aie que moi en partage,
que moi pour sacrifice,
n'aie que moi pour objet d'hommage,
alors, en vérité, à moi tu parviendras,
pleinement détaché ;
je suis le terme ultime.

X

DU DÉPLOIEMENT DES FORMES

Krishna :

Écoute encore, ô Arjuna, ce que je peux te dire avec des mots,
mes paroles te comblent
et l'amitié m'y pousse. 1

Ni dieux ni Rishi ne savent
d'où j'ai surgi
car je suis, et des dieux et des Rishi,
l'origine. 2

Moi qui suis le Seigneur des mondes,
j'existe
de toute éternité
et suis, par-là, sans origine.
Ce savoir, chez un être mortel,
apporte la clarté et libère du mal. 3

Conscience, connaissance, clarté,
apaisement, vérité, maîtrise
et sérénité,
plaisir, douleur, existence et néant,
peur et sécurité, 4

non-violence, égalité d'esprit et joie,
efforts, aumônes,

renommée et anonymat,
ce sont des états d'être propres à ce qui existe,
c'est de moi qu'ils émanent
dans leur diversité et leur foisonnement. 5

Les sept Rishi des origines et les quatre Manu,
c'est de moi qu'ils ont leur nature,
ils sont les fils de mon esprit,
c'est à eux qu'en ce monde appartiennent
toutes les créatures que tu vois. 6

Celui qui sait vraiment que ne font qu'un
ce déploiement de formes et mon détachement créateur,
possède en vérité un détachement immuable,
là-dessus aucun doute. 7

Je suis de toute chose l'origine,
de moi toute chose surgit,
cette compréhension permet la communion
entre moi et ceux qui ont cette conscience,
même s'ils sont pourvus d'une nature matérielle. 8

Avec pour pensée unique ce que je suis,
leur vie remise en moi,
s'éclairant l'un l'autre,
parlant de moi sans cesse,
ils sont tout à la fois heureux et calmes. 9

À ceux qui demeurent immuablement détachés
et qui ainsi éprouvent de la joie à partager mon être,
je donne la conscience
qui leur permet de me rejoindre. 10

En vérité c'est par pure affection pour eux
que je détruis,

en existant dans ma propre nature,
l'obscurité surgie de l'ignorance,
et, cela, je le fais
par le feu flamboyant de la connaissance.   11

Arjuna :

Conscience ultime, séjour suprême,
lumière absolue, ô Krishna,
être des origines, être immémorial, être céleste,
Dieu premier, sans âge, présent en toute chose,   12

c'est ainsi que t'appellent les grands voyants,
et Nârada le grand visionnaire,
et Asita Devala, et Vyâsa,
et toi aussi tu te désignes ainsi.   13

Et tout ce que tu dis, Krishna,
je le crois vrai.
En effet, ton apparence, ni dieux ni Dânava
ne la connaissent.   14

En vérité, tu es le seul à te connaître par toi-même,
ô Krishna,
tu fais surgir ce qui existe, tu en es le Seigneur,
tu es le Dieu des dieux et le maître des mondes.   15

Tu es le seul à pouvoir dire, en leur totalité,
tes manifestations divines
qui font que tu es présent tout entier
dans tous les mondes.   16

Mais comment te connaître par ma seule pensée
tout entière à toi attachée ?

Sous quelles formes possibles, ô Krishna,
    je puis vraiment te concevoir ?   17

Parle-moi encore et encore, ô Krishna, de ce qui est
    tout à la fois ton unité
    et tes formes sans nombre.
    Écouter ainsi ce qui passe la mort
    ne m'a pas encore comblé en effet.   18

Krishna :

Eh bien ! je vais te faire le récit de mes formes divines,
    mais juste l'essentiel
    car il n'y a pas de fin
    à ce que je pourrais dire.   19

C'est moi qui suis,
au cœur de tout ce qui existe,
l'âme vivante,
je suis et l'origine, et la durée,
et le terme
de tout ce qui existe.   20

Des Aditya, je suis Vishnu, et des étoiles,
je suis le soleil qui rayonne,
parmi les vents, je suis Marici,
parmi les corps célestes, je suis la lune,   21

Des Veda, je suis la mélodie,
parmi les dieux, je suis Indra,
des sens, je suis la pensée,
et, dans tout ce qui est, je suis l'intelligence.   22

Des Rudra, je suis Shiva porteur de paix,
et de tous les esprits telluriques,

je suis Kubera, le gardien des richesses,
des Vasu, je suis le feu qui purifie,
et, parmi les sommets, je suis le mont Meru.   23

Sache encore, Arjuna, que je suis
le tout premier des desservants,
Brihaspati, le maître des incantations.
Parmi les chefs d'armée, je suis Skanda,
dieu de la guerre,
et, parmi les eaux, je suis l'océan.   24

Des grands Rishi, je suis Bhrigu l'étincelant.
Des paroles, je suis l'unique syllabe Om.
Des sacrifices, je suis la parole murmurée
et, parmi les montagnes, je suis l'Himâlaya.   25

Des arbres, je suis le figuier sacré,
et des voyants célestes,
je suis Nârada, le messager.
Des Gandharva, je suis citraratha
au char couleur de ciel.
Et des Siddha, je suis Kapila le sage.   26

Des chevaux, je suis Uccaishrava
surgi de l'éternel, sache-le,
des éléphants, je suis Airâvata,
la monture d'Indra,
et, des hommes, je suis le protecteur.   27

Des armes, je suis la foudre,
des sources nourricières, je suis celle
qui produit le lait de tous les désirs.
Et je suis Kandarpa, celui
qui enflamma Brahmâ pour sa fille,
et, des serpents, je suis Vâsuki.   28

Des nâga, je suis le Sans-Fin,
des créatures des eaux, je suis Varuna.
Des ancêtres, je suis Aryaman,
et, des forces qui pèsent, je suis Yama,
dieu de la mort. 29

Des démons, je suis Prahlâda, le repenti,
et, des forces qui harcèlent, je suis le Temps,
des fauves, je suis le lion,
et, des oiseaux, je suis le vautour Garuda. 30

Des purificateurs, je suis le vent,
et, des guerriers, je suis Râma,
parmi les poissons, je suis le Makara
et, des fleuves, je suis le Gange. 31

De toute création, je suis l'origine,
la durée et le terme, Arjuna,
des sciences, je suis celle de l'âme,
je suis la voix
de tout ce qui se fait entendre. 32

Je suis la lettre A parmi les lettres,
et des mots qui s'assemblent, je suis le couple.
Je suis en vérité le temps impérissable,
le démiurge aux visages sans nombre. 33

Je suis la mort qui tout emporte.
De tout ce qui surgira, je suis le créateur.
Je suis gloire, splendeur et parole,
attention, pensée, assise et patience,
tous termes féminins. 34

Des mélodies, je suis la basse continue,
des hymnes, je suis la gayatrî.

Des mois, je suis celui du capricorne
et, des saisons, je suis le printemps. 35

Des jeux, je suis les dés,
et, des puissants, je suis l'éclat.
Je suis la victoire, je suis la détermination,
je suis l'être de tous les êtres. 36

Dans la lignée des Vrishni, je suis mon propre père,
et, des Pândava, je suis toi,
le conquérant de trophées.
Des sages aussi je suis Vyâsa, le barde,
et, des poètes, je suis Ushana. 37

Je suis le sceptre des rois,
la stratégie des ambitieux,
et, des mystères, je suis le silence.
Je suis la connaissance
de ceux qui la possèdent. 38

Le germe de tout ce qui existe, Arjuna,
c'est bien moi.
Sans moi, rien qui puisse exister
d'animé ou d'inanimé. 39

Il n'y a pas de fin à mes formes divines, Arjuna,
c'est pour te le montrer concrètement
que j'ai développé pour toi
ce en quoi je m'incarne. 40

Tout être créateur, rayonnant ou puissant,
vois qu'il est né d'une parcelle
de mon éclat. 41

Mais à quoi bon que tu saches, Arjuna,
tout cela ?
Quand j'habite cet univers tout entier, je n'y suis
que par une parcelle de moi-même. 42

XI

DE LA VISION DE L'ÊTRE INNOMBRABLE

Arjuna :

C'est par faveur pour moi que tu as dit ces mots,
définitifs et si profonds,
sur ce qu'est la conscience incarnée.
Ainsi s'en est allé mon trouble. 1

Viennent et s'en vont les formes,
je l'ai appris de toi, forme après forme.
Et c'est de toi, Krishna, que vient
l'immuable conscience. 2

Ainsi tu es tel que tu t'es décrit
en créateur suprême.
Je souhaite contempler, Krishna,
ta forme souveraine. 3

Si tu crois que j'en suis capable,
toi, le maître des formes,
alors montre-toi
sous ta forme immuable. 4

Krishna :

Arjuna, vois mes formes,
mes centaines et mes milliers de formes,

elles foisonnent, elles viennent du ciel,
elles ont des couleurs et des apparences multiples.   5

Vois les Aditya, les Vasu, les Rudra,
les Ashvin, les Marut,
vois ces prodiges innombrables, Arjuna,
que nul, auparavant, n'a jamais vus.   6

Le monde tout entier, l'animé et l'inanimé,
vois-le placé en un seul point,
dans mon corps, Arjuna,
vois ce que tu veux voir d'autre.   7

Mais tu n'as pas la faculté de me voir
avec ton simple regard d'homme.
C'est un regard surnaturel que je te donne,
regarde-moi dans ma totalité de créateur.   8

Samjaya :

Alors, disant cela, Hari, le créateur de toute chose,
montra à Arjuna
sa forme ultime et souveraine,   9

ses bouches et ses yeux sans nombre.
La voir était un absolu prodige,
innombrables étaient ses parures,
innombrables étaient les armes brandies.   10

Avec ses vêtements et ses guirlandes,
ses parfums ruisselants,
c'était une forme divine, sans fin,
aux visages innombrables.   11

Si, dans le ciel, d'un millier de soleils
surgissait soudain la lumière,

elle serait semblable à l'éclat
de cette conscience divine. 12

Et c'est alors que l'univers entier,
divisé en parcelles sans nombre
et pourtant réuni dans sa totalité,
Arjuna le voyait
dans le seul corps du Dieu des dieux. 13

Alors, frissonnant de stupeur,
le valeureux Arjuna
inclina la tête devant le Dieu,
joignit les mains et dit : 14

ARJUNA :

Je vois, dans ton corps, les dieux,
je vois aussi les flots de tout ce qui existe,
je vois Brahmâ le Créateur,
assis sur un lit de lotus,
et je vois les Rishi,
tous les Nâga célestes aussi. 15

Sans nombre sont tes bras, tes poitrines,
tes bouches et tes yeux.
Où que mon regard aille, ta forme est sans limite,
je n'en vois ni la fin, ni le milieu,
ni, non plus, l'origine. 16

Tu portes le diadème, la massue et le disque,
et ton éclat rayonne à l'infini,
mais je ne peux te contempler dans ta totalité,
tu flamboies comme un feu insondable. 17

Tu es l'Impérissable, celui que l'on connaît
au terme ultime,

tu es le Dieu où se résorbe
l'univers tout entier,
tu es l'immuable, le gardien de l'ordre éternel,
tu es, pour moi, l'homme des origines, 18

Tu es sans commencement
et tu n'as ni milieu, ni fin,
ta force est sans limites et tes bras sont sans nombre,
tes yeux sont le soleil et la lune,
ta bouche est un feu flamboyant
qui de son éclat réchauffe
l'univers tout entier. 19

L'espace entre terre et ciel,
c'est toi seul qui l'emplis,
tu te déploies à tous les horizons.
À voir ainsi ta forme, terrible et magnifique,
les trois mondes en vacillent, ô Krishna. 20

Voici les dieux qui entrent à flots en toi,
certains, de peur, joignent les mains
et chantent tes louanges.
« Tu es perfection », disent Rishi et Sages
qui, par milliers, te chantent à voix sonore. 21

Et les Rudra, les Aditya, et les Vasu,
tous les Sâdhya, et les Ashvin,
et les Marut, les buveurs d'oblation, les Gandharva,
et les Yaksha, les Asura et les Siddha,
en cortèges sans nombre,
te dévisagent et sont émerveillés. 22

Ta forme gigantesque,
aux bouches, aux yeux sans nombre,

aux bras, aux jambes, aux pieds sans nombre,
aux mâchoires béantes,
quand ils la voient, les mondes
en sont bouleversés,
et moi aussi. 23

Ta forme touche les nuées,
elle est arc en ciel flamboyant.
Quand je te vois, bouche béante,
et quand je vois tes yeux incandescents,
je suis bouleversé jusqu'au tréfonds de moi,
je perds toute assurance, toute tranquillité,
ô Vishnu. 24

Et quand je vois tes bouches aux mâchoires cruelles,
semblables au temps vorace,
je ne sais où aller et je me sens perdu.
Rassure-moi, Krishna, toi le maître des dieux,
toi le berceau du monde. 25

Mon Dieu ! Voici, du roi Dhritarastra, les fils,
ils sont tous là, accompagnés
de tous les princes de ce monde.
Voici Bhîshma, Drona, et puis, celui-là,
mais c'est Karna !
Et les plus valeureux de nos guerriers
sont avec eux. 26

À corps perdu, ils tombent
dans tes bouches horribles aux mâchoires béantes.
On en voit certains suspendus entre tes dents,
têtes broyées. 27

De même que les fleuves aux eaux tumultueuses
se jettent, tête en avant, dans l'océan,

voici que cette fleur des hommes se jette
dans tes bouches en feu. 28

De même que les papillons
entrent dans la flamme brûlante,
poussés par un élan irrésistible vers la mort,
de même c'est pour mourir que dans tes bouches
pénètrent tous les mondes,
mus par le même élan irrésistible. 29

Tu te pourlèches en avalant d'un trait tous les mondes
dans tes bouches en feu.
L'univers tout entier
est saturé d'incandescence
et tes flammes terribles
le transforment en brasier, ô Vishnu ! 30

Dis-moi qui tu es dans ta forme terrible,
hommage à toi, ô Dieu Suprême,
rassure-moi,
je veux savoir ce que tu es à l'origine
car j'ignore ton rôle. 31

Krishna :

Je suis le Temps qui fait périr les mondes
quand est arrivée l'heure.
Mon rôle est ici-bas de résorber les mondes.
Sans que tu interviennes, ils cesseront de vivre
tous ces guerriers qui se font face
dans les deux armées opposées. 32

Debout, Arjuna, saisis la gloire,
abats tes ennemis

et goûte enfin un règne heureux.
Ils dont déjà morts de ma main,
ne sois qu'un instrument,
ne sois que mon bras gauche. 33

Drona, Bhîshma, Jayadratha, Karna
et tant d'autres guerriers illustres,
ma main les a déjà frappés,
frappe-les à ton tour sans trembler.
Combats
et tu vaincras tes égaux dans la lutte. 34

Samjaya :

En entendant ces mots prononcés par Krishna,
Arjuna, couronné du diadème,
porta ses mains jointes à son front
en tremblant.
Il s'inclina plusieurs fois encore,
s'adressa à Krishna avec effroi,
la voix entrecoupée, avec humilité. 35

Arjuna :

C'est seulement au seul bruit de ton nom
que s'émeut ou tremble le monde,
que les Raksha fuient d'effroi par l'espace,
et que les justes te vénèrent. 36

Comment ne le feraient-ils pas,
ô Conscience infinie,
puisque ton être est plus profond
que n'est Brahmâ lui-même,
toi, le Créateur primordial ?
Tu es sans fin,

maître des dieux et demeure du monde,
tu es l'Impérissable, ce qui est au-delà
de l'être et du non-être.   37

Tu es Dieu Primordial, Homme des origines,
Tu es, de l'univers entier, le terme ultime.
Tu es tout à la fois, et le sujet et l'objet du savoir,
et tu en es le terme ultime,
et c'est toi, l'Infini, qui déploie l'univers.   38

Tu es le Vent, la Mort, le Feu,
et Varuna, le Dieu des eaux,
tu es le créateur des hommes et tu es l'ancêtre.
Je te salue, je te salue de milliers de saluts,
je te salue encore, je te salue sans fin.   39

Je te salue face à l'Orient, je te salue à l'Occident,
je te salue de par l'espace entier,
toi qui es toute chose.
Ta vaillance est sans fin, ton courage est sans bornes,
tu es présent en toute chose, ainsi es-tu
toute chose.   40

Je t'ai su mon ami et, si j'ai bruyamment clamé :
« Hé ! Krishna, hé ! Yâdava, hé ! mon ami »,
c'est que j'ignorais ta grandeur,
que j'ai parlé par insouciance,
par affection aussi.   41

Si, par légèreté, je t'ai fait tort
dans nos repas, nos moments de détente,
nos nuits et nos jeux,
seul ou devant autrui,

je te prie de me pardonner,
toi qui dépasses toute chose. 42

Tu es le père de ce monde animé et inanimé,
tu es à honorer comme l'être profond entre tous.
Nul n'est égal à toi. D'où viendrait-il,
dans les trois mondes, l'être au-delà de toi ?
Ta création est incommensurable. 43

Aussi, devant toi, je m'incline,
de tout mon corps je t'implore,
tu es le Seigneur que l'on peut invoquer
comme un père pour son fils,
comme un ami pour son ami.
Cœur de mon cœur, tu es à même,
pour moi qui suis cœur de ton cœur,
de me comprendre, ô Krishna. 44

D'avoir vu ce qui jamais
ne le fut avant moi,
je suis bouleversé
et ma pensée tremble de peur.
Alors montre-moi ta forme,
apaise-moi, Seigneur des dieux, berceau du monde, 45

montre-toi, couronné du diadème,
portant la massue et le disque,
c'est ainsi que je veux te contempler.
Reprends ta forme à quatre bras,
toi qui en as des milliers, toi dont la forme
est l'univers. 46

Krishna :

J'ai voulu te montrer, par ma propre puissance,
ma forme ultime

qui est toute lumière,
totale et néanmoins sans fin,
ma forme originelle
que nul autre que toi n'a jamais vue jadis. 47

Ce n'est ni par l'étude, le sacrifice ou le savoir,
ni par les dons, ni par les rites,
ni par l'intensité de l'ascèse,
que je puis être visible, sous une forme telle,
dans le monde des hommes,
par tout autre que toi, Arjuna. 48

Ne tremble pas et ne sois pas troublé
en voyant ma forme terrible.
Contemple-la encore,
sans peur, l'esprit paisible. 49

Samjaya :

Ainsi parla Krishna à Arjuna.
Il lui fit voir une dernière fois
sa forme ultime
et il le rassura, dans son effroi,
en reprenant alors sa forme familière. 50

Arjuna :

En retrouvant ta forme humaine et familière,
ô Krishna,
je recouvre aussitôt mes esprits,
je reprends pied dans la réalité. 51

Krishna :

Cette forme, si difficile à voir,
que tu as vue,

c'est celle que les dieux ont le sempiternel
désir de voir. 52

Ce n'est ni par les Veda, ni par l'ascèse,
ni par les dons, ni par les sacrifices,
que je puis être vu
comme toi seul as pu le faire. 53

C'est en communiant avec moi,
et par rien d'autre,
que l'on peut, Arjuna,
et me connaître ainsi, et me voir,
et me pénétrer,
véritablement. 54

C'est en accomplissant l'action en moi,
en sachant que j'en suis le terme ultime,
c'est en se fondant en moi,
débarrassé alors de toute attache,
c'est en étant ainsi en paix
avec toute forme existante
que l'on parvient à moi, Arjuna. 55

XII

DE LA COMMUNION AVEC L'ÊTRE

Arjuna :

Les êtres détachés sont de deux sortes :
ceux qui te choisissent par amour
et ceux qui choisissent l'Impérissable
mais non-manifesté.
D'entre eux, quels sont ceux qui connaissent, au plus haut degré,
le détachement ? 1

Krishna :

Ceux qui ont placé en moi leur pensée me choisissent
avec détachement,
mus par une absolue confiance.
C'est eux qui, à mon sens, possèdent
au plus haut degré
le détachement. 2

Mais ceux qui choisissent l'Impérissable
impossible à décrire car non-manifesté,
présent en toute chose, irréductible à la pensée,
immuablement situé en un point, 3

quand ils sont maîtres de leurs sens
et que leur regard est,
pour toute chose, égal,
ces êtres-là, en vérité, viennent à moi
heureux du bien-fondé de tout ce qui existe. 4

La sensibilité est à plus rude épreuve
quand la pensée s'attache au non-manifesté.
C'est une voie ardue à suivre
quand on possède un corps. 5

Mais qui remet en moi toute action,
parce que j'en suis le terme,
et qui me voit sans cesse
avec le seul détachement, 6

à l'instant, je l'arrache à l'océan
de l'aventure humaine et de la mort,
car c'est en moi
que sa pensée tout entière est entrée. 7

Place en moi ta pensée,
fais entrer en moi ta conscience.
Ta demeure, tu la trouveras en moi,
il n'y a là-dessus aucun doute. 8

Rassembler ta pensée durablement en moi
t'est impossible ?
Avec toutes tes forces, alors,
cherche à m'atteindre, Arjuna. 9

Si tu n'en as pas les moyens,
fais de moi le terme de tes actes.
Même en me dédiant tes actions
tu obtiendras la réussite. 10

Si même alors cela tu ne pouvais le faire,
regarde mon détachement
et renonce
au fruit de toute action,
pleinement maître de toi. 11

Préférable, en effet, à l'effort est la connaissance.
La vision suit la connaissance,
de la vision provient l'abandon
du fruit des actes,
et de l'abandon, aussitôt, provient
la sérénité.
Sans aversion pour tout ce qui existe,
plein d'amitié, de compassion,
sans avoir rien et sans être personne,
plaisir et douleur étant pour lui choses égales,
sachant tout endurer, 13

une joie absolue, un détachement constant,
maître de lui,
rien pour affaiblir sa clairvoyance,
tel est celui qui a, en moi, fait tout entrer
de sa pensée, de sa conscience ;
il partage mon être,
il est cher à mon cœur. 14

Celui devant lequel le monde demeure imperturbé,
et qui, lui-même, face au monde,
demeure imperturbé,
ainsi soustrait aux turbulences,
excitation, emportement, effroi,
cet être est cher à mon cœur. 15

Il ne vise à plus rien, rien ne l'affecte plus,
il est alerte, comme au-dessus des choses ;
il n'a plus aucun trouble,
il n'a plus de désir pour le fruit de ses actes,
il partage mon être,
il est cher à mon cœur. 16

Qui ne s'émeut pas plus qu'il ne se plaint,
qui ne déplore pas plus qu'il ne désire,
au-delà du bien et du mal,
partage, alors, ce que je suis,
il est cher à mon cœur.   17

Égal dans son regard
envers l'ami et l'ennemi,
envers l'humilité et l'orgueil,
envers le chaud et le froid,
envers le bonheur et la souffrance,
libre de toute attache,   18

égal dans son regard
envers le blâme et la louange,
habité de silence, heureux de toute chose,
affranchi de l'espace,
ferme dans ses pensées et partageant mon être,
cet homme est cher à mon cœur.   19

Tant il est vrai que ceux qui choisissent
cette réalité sans mort
qui soutient toute chose,
habités de confiance,
faisant de moi leur but ultime
et partageant ce que je suis,
ces êtres-là sont plus que tout
chers à mon cœur.   20

XIII

DU CORPS ET DE SON CONNAISSEUR

Krishna :

Ce corps, Arjuna, est nommé : champ de la connaissance.
Celui qui le connaît,
ceux qui savent, le nomment :
le connaisseur du champ.   1

Le connaisseur du champ, dans tous les corps,
sache que c'est moi, Arjuna.
Connaître et le corps et son connaisseur,
c'est là, pour moi, la connaissance.   2

Et ce corps, champ de la connaissance,
ce qu'il est, ce à quoi il ressemble,
ce qu'il devient et d'où il vient,
et qui il est, et ce qu'est sa présence,
apprends-le en quelques mots de ma bouche.   3

Les Rishi ont chanté ce champ de connaissance
maintes fois, dans des hymnes variés,
chacun à sa manière,
dans des traités sur la Conscience,
pleins de logique et de lucidité.   4

Les éléments premiers, la personnalité,
la conscience et, bien sûr, le non-manifesté,
ce par quoi l'on perçoit et par quoi l'on agit,
la pensée, les cinq objets des sens,   5

attraction, répulsion, plaisir et déplaisir,
la totalité physique, la sensibilité
et ce qui soutient l'être,
c'est bien ce que l'on nomme en quelques mots :
champ de la connaissance en ses modalités. 6

Ne pas avoir d'orgueil, être toute franchise,
s'abstenir de violence, être stoïque et droit,
être à l'écoute de ses maîtres,
être transparent, ferme,
dépouillé de soi-même, 7

n'avoir plus de passion pour les objets des sens,
ne plus être quelqu'un,
faire un objet d'observation de tout ce qui afflige :
naissance, mort, vieillesse,
maladie et souffrance, 8

ne pas avoir d'attachement, ne pas avoir de liens
avec femme, enfants ou maison,
garder sans cesse égalité d'esprit envers ce qui survient,
désiré ou non, 9

trouver en moi, par le détachement,
un partage sans failles,
fréquenter les lieux solitaires,
ne pas tirer plaisir du commerce des êtres, 10

avoir en permanence l'intuition
de ce qu'est l'âme incarnée,
savoir qu'observer les choses
c'est connaître la réalité,
tout cela est la connaissance
et tout le reste
n'est assurément qu'ignorance. 11

La connaissance à posséder pour obtenir
ce qui passe la mort,
je vais la dire :
sans nul commencement est la Conscience ultime,
elle n'est ni être ni non-être.   12

Ses pieds, ses mains s'étendent de partout,
ses yeux, ses têtes et ses bouches
s'étendent de partout.
Elle entend tout de par le monde,
elle enveloppe toute chose.   13

Elle a l'éclat de ce qui fait les sens
et, pourtant, n'en possède aucun.
Elle n'a nulle attache
et, pourtant, soutient toute chose.
Elle n'a rien de matériel et, pourtant,
elle perçoit la matière.   14

Au-dehors et au cœur de tout ce qui existe,
elle est tout à la fois l'animé et l'inanimé,
et sa subtilité la rend inconnaissable.
Elle est tout à la fois lointaine et proche.   15

Présente tout entière en tout ce qui existe,
cette conscience est comme partagée.
Il faut savoir qu'elle est, de tout ce qui existe,
tout à la fois soutien, destruction, création.   16

Elle est aussi lumière des lumières,
par-delà les ténèbres.
Elle est la connaissance, elle est le connaissable,
seule la connaissance nous permet de l'atteindre.
Elle est déployée dans le cœur de chacun.   17

Tel est le corps, champ de la connaissance,
telle est la connaissance.
J'ai dit en peu de mots
ce que l'on doit connaître.
Qui partage mon être, qui sait cela,
parvient vraiment à ma nature. 18

La nature des choses et l'Esprit qui l'habite
sont sans commencement tous deux.
Objets et formes, sache-le,
sont nés de la nature. 19

L'agent, l'action et l'acte,
la nature en est cause.
Mais qu'il y ait quelqu'un
pour percevoir plaisirs et souffrances,
la cause en est l'Esprit. 20

C'est en effet l'Esprit, au cœur de la nature,
qui perçoit tout ce qui surgit d'elle.
Et c'est son lien avec les formes
qui le fait naître
dans le berceau de la dualité. 21

À la fois témoin et penseur du monde,
tout à la fois l'être qui porte
et l'être qui perçoit le monde,
suprême créateur,
nommé aussi conscience ultime,
tel est, dans ce corps,
l'Esprit ultime. 22

Quand on connaît ainsi l'Esprit
et la Nature en ses éléments matériels,

on peut vivre de mille façons,
jamais on ne renaît. 23

C'est par la vision intérieure
que certains perçoivent en eux la Conscience,
d'autres par l'analyse et d'autres par l'action,
mais tous avec détachement. 24

D'autres, privés de cette connaissance,
en restent à écouter autrui.
Même eux, en vérité, triomphent de la mort,
cette écoute est leur terme ultime. 25

Aussi souvent que naît
un être animé ou inanimé,
apprends, ô Arjuna, qu'il provient de l'union
entre le connaisseur
et le champ de la connaissance. 26

Percevoir qu'en tout ce qui existe le créateur suprême
est véritablement égal,
impérissable au sein du périssable,
c'est cela percevoir. 27

Et cette égalité en toute chose,
où la présence ultime existe tout entière,
quand, en effet, on la perçoit,
on n'a plus de violence envers soi-même,
on suit alors la voie suprême. 28

En vérité, c'est la seule Nature
qui, dans les actions, est l'acteur,
et toujours, et partout.
Percevoir que l'on n'est pas l'auteur de ses actions,
c'est cela percevoir. 29

Quand on perçoit totalement
que les formes sans nombre de tout ce qui existe
appartiennent à l'Un
et n'en sont que le déploiement,
alors, on se résorbe tout entier
dans la Conscience ultime. 30

Parce qu'elle est au-delà du temps
et sans nature matérielle,
immuable est cette Conscience ultime.
Même présente dans un corps, Arjuna,
elle n'est pas l'acteur, rien ne l'affecte. 31

De même que l'Éther, qui emplit tout l'espace
par sa subtilité,
n'est en rien affecté,
de même la conscience,
répandue dans le corps tout entier,
n'est en rien affectée. 32

De même qu'un unique soleil éclaire
cet univers tout entier,
de même l'âme incarnée éclaire, Arjuna,
la totalité de son champ physique. 33

Quand, par l'œil de la connaissance, on sait
ce qui distingue l'âme incarnée
de son champ physique,
et que l'on sait comment on s'affranchit
de la nature matérielle de la réalité,
on accède au terme des choses. 34

XIV

DES ÉLÉMENTS DE LA NATURE

Krishna :

Mais plus encore, je vais te dire
la connaissance la plus haute qui soit,
la connaissance que tous les sages ont eue
et qui leur a permis d'atteindre
à l'accomplissement total. 1

Quand on a cette connaissance,
on a le même sort que moi :
il n'y a pas de naissance quand le monde surgit,
il n'y a pas de mort
quand se dissout le monde. 2

Mon berceau est l'infinie Conscience,
en elle je dépose un germe
et c'est alors que se produit la création
de tout ce qui existe. 3

Chaque matrice où surgit une forme
a pour matrice
la Conscience infinie, et moi je suis
le donneur de semence, je suis le père. 4

Les composants de la réalité : être, activité, pesanteur,
ont pour origine
l'énergie matérielle.

Dans le corps, Arjuna, ils retiennent
l'âme incarnée, immuable pourtant. 5

Et dans le corps, l'être
qui est, de par sa transparence, toute lumière
et que rien ne peut affecter,
l'être exerce une action contingente
par ses attaches avec le bien-être,
par ses attaches avec la connaissance. 6

L'activité est passionnelle, sache-le, elle surgit
de ses liens avec le désir.
Elle exerce une action contingente, Arjuna,
sur l'âme incarnée
par ses attaches avec l'action. 7

Quant à la pesanteur, qui naît de l'ignorance,
elle est cause d'aveuglement pour toute âme incarnée.
Elle exerce, Arjuna, son action contingente
à travers illusion, paresse et sommeil. 8

L'être domine entièrement dans le bien-être.
Dans l'action,
c'est l'activité qui prévaut.
Quant à la pesanteur,
qui occulte la connaissance,
elle est, dans l'illusion, toute-puissante. 9

C'est en dominant pesanteur et activité
que l'être existe, Arjuna.
Pour l'activité, même chose,
en dominant être et pesanteur.
Et, pour la pesanteur, pareillement,
en dominant être et activité. 10

Quand, dans ce corps, à travers tous les sens,
la connaissance apparaît manifeste,
on sait que c'est alors le signe
que l'être est dominant. 11

Désir, agitation, initiatives,
intranquillité, convoitise
surgissent dans l'activité,
quand elle est dominante, Arjuna. 12

ténèbres, apathie, paresse et confusion
surgissent dans la pesanteur,
quand elle est dominante. 13

Quand l'être est dominant et que l'on meurt,
on accède alors aux mondes
que rien n'affecte,
ceux de la connaissance ultime. 14

Lorsque l'activité est dominante,
on meurt alors pour renaître
parmi ceux qui sont liés à l'action,
et, lorsque c'est la pesanteur qui domine, on renaît
dans le monde aveugle des formes. 15

Pour un acte bien fait, on dit
que le fruit est tout imprégné d'être,
qu'il est sans résidus.
Le fruit de l'activité est douleur
et le fruit de la pesanteur
est l'ignorance. 16

De l'être naît la connaissance,
de l'activité surgit le désir
et de la pesanteur proviennent

illusion et aveuglement,
ainsi qu'en vérité l'ignorance. 17

L'être conduit vers le haut,
l'activité maintient au milieu
et la pesanteur qui modèle
les formes les plus basses
fait choir vers le bas. 18

Quand le témoin perçoit qu'en lui
l'acteur n'est en rien différent
des éléments de la matière,
et qu'il est, lui, au-delà de ces éléments,
il accède alors à ce que je suis. 19

Passant alors au-delà de ces trois éléments
qui ont le corps pour origine,
l'âme incarnée, affranchie des douleurs
que sont naissance, vieillesse et mort,
atteint à ce qui ne meurt pas. 20

Arjuna :

Quels sont les signes qui traduisent
qu'un homme est au-delà
des éléments de la matière ?
Et quelle est sa conduite ?
Et comment, d'ailleurs, il les dépassent ? 21

Krishna :

L'être, l'activité, la pesanteur, Arjuna,
présentes, il ne les repousse pas plus
qu'absentes il ne les recherche. 22

Demeurer comme au-delà des choses
sans que la réalité ne nous trouble,

sachant qu'en elle
seule est à l'œuvre la matière,
vivre sans trembler, 23

voir d'un même œil plaisir et souffrance,
être tout entier en soi-même,
voir que motte de terre, pierre et or
sont choses égales,
percevoir que l'agréable et l'hostile
sont choses égales
et que choses égales aussi
sont la louange et le blâme, 24

avoir un regard égal pour l'orgueil et l'humilité,
avoir aussi un regard égal pour ennemis et amis
et renoncer au fruit de toute entreprise,
c'est cela, Arjuna, être au-delà
des éléments de la matière. 25

Celui qui, sans faiblir, en moi demeure
avec le détachement que donne le partage,
va au-delà des éléments de la matière
et il a tout pour devenir Conscience. 26

De la Conscience, c'est moi qui suis le lieu réel,
cette Conscience qui ignore la mort et qui est immuable.
Je suis le lieu réel de l'ordre immémorial
et de la paix,
dont l'unité est le terme ultime. 27

XV

DE L'ESPRIT ULTIME

K%RISHNA :

En haut, ses racines, en bas, ses branches,
tel est l'arbre cosmique immuable.
Les hymnes en sont les feuilles.
Qui le connaît
connaît la connaissance. 1

En bas, c'est vers le haut
que s'étendent ses branches nourries par la vie.
Les objets en sont les bourgeons.
En haut, c'est vers le bas
que se déploient ses racines
reliées aux actions dans le monde des hommes. 2

On ne peut ici-bas en percevoir la forme,
ni son terme, ni son commencement,
ni son envergure.
Et quand on a tranché cet arbre
aux racines si fortes,âce à l'épée du non-attachement, 3

on peut alors marcher vers le séjour
où, une fois rendu, il n'est plus de retour possible.
En vérité, cet arbre est l'homme originel
d'où a surgi tout mouvement,
voici longtemps. 4

Soustrait aux illusions de la pensée,
vainqueur des maux de tout attachement,
éternellement en soi-même,
sans plus jamais alors éprouver de désir,
libre de la dualité
connue comme souffrance et plaisir,
on atteint, enfin, sans erreur possible,
au séjour immuable.   5

Ne l'éclairent ni soleil, ni lune, ni feu.
Une fois rendu là,
il n'est plus de retour,
c'est la demeure ultime.   6

En vérité, une parcelle de moi-même,
dans le monde vivant,
existe depuis toujours dans l'homme.
C'est elle qui attire à elle la pensée
et les cinq autres sens
qui sont faits de matière.   7

Quand l'âme universelle vient habiter un corps,
et quand, aussi, elle le quitte,
elle emporte les sens avec elle
comme le vent emporte les parfums.   8

Établie dans l'oreille et dans l'œil,
dans le toucher, la saveur et l'odeur,
présente aussi dans la pensée,
c'est ainsi qu'avec les choses elle a commerce.   9

Son départ, sa présence ou son activité vitale,
abusé par les formes, on ne les perçoit pas.
C'est par l'œil de la connaissance
qu'uniquement on les perçoit.   10

Quand on est détaché, c'est l'attention
qui nous fait voir en soi cette âme universelle.
Mais, si l'on est inaccompli,
l'attention ne nous sert à rien,
nous n'avons pas les moyens de voir. 11

La lumière au cœur du soleil
qui éclaire l'univers entier,
la lumière au cœur de la lune,
et la lumière au cœur du feu,
sache que c'est ma lumière. 12

Pénétrant dans le sol, c'est par mon énergie
que je soutiens ce qui existe,
que je nourris toutes les plantes
car je deviens soma dont l'essence est saveur. 13

Je suis le feu vital dans le corps
de tout ce qui respire.
Uni aux souffles, c'est moi
qui résorbe les aliments. 14

Au cœur de toute chose, j'existe pleinement,
de moi proviennent
attention, connaissance et raison.
Et par tous les Veda je puis être connu,
mais je mets un terme aux Veda,
je suis celui qui les connaît. 15

Vois qu'il existe en ce monde deux consciences,
la périssable et l'impérissable
La périssable, c'est tout ce qui existe,
et l'impérissable,
on dit qu'elle réside en un point. 16

Mais la conscience ultime est tout autre,
on l'appelle l'âme suprême.
Elle pénètre la triade des mondes
dont elle est le soutien,
c'est le Dieu immuable.   17

Puisque je suis au-delà du périssable,
au-delà même de l'impérissable,
je suis connu, dans l'univers et dans la connaissance,
comme Conscience ultime.   18

Savoir très clairement
que je suis la Conscience ultime,
c'est savoir toute chose et partager ce que je suis
à travers chaque chose existante.   19

Voilà le plus profond de ce qu'il faut savoir
et que je viens de dire, Arjuna.
Si l'on en prend conscience,
on peut avoir un vrai discernement,
et ce qu'il fallait faire est alors accompli.   20

XVI

DE LA LUMIÈRE ET DE L'OMBRE

Krishna :

Sérénité, absolue transparence,
permanence intangible du détachement,
désintéressement, maîtrise, sacrifice,
étude, ascèse et droiture, 1

non-violence, vérité, tolérance,
renoncement, tranquillité, absence de calomnie,
compassion pour ce qui existe, absence de convoitise,
douceur, modestie et fidélité, 2

rayonnement, patience, fermeté,
pureté, loyauté, absence de vanité,
tel est le lot
de qui est né dans la clarté. 3

Duperie, arrogance et orgueil,
colère, dureté, ignorance,
tel est le lot, Arjuna,
de qui est né des ténèbres. 4

La lumière délivre et les ténèbres enchaînent
Ne te désole pas, Arjuna,
ton lot est d'être né de la clarté. 5

Il y a deux naissances, en ce monde,
pour tout ce qui existe :
ombre et clarté.
J'ai dit déjà beaucoup de la clarté,
apprends de moi ce qu'est l'ombre, Arjuna.   6

Les êtres nés des ténèbres ignorent
ce qu'est l'action et la non-action.
En eux ni transparence, ni vérité, ni conduite.   7

Ils disent que le monde est irréel,
qu'il ne s'appuie sur rien,
qu'il est sans âme,
qu'il s'est constitué morceau après morceau.
Quoi d'autre encore ?
Qu'il a pour origine unique le désir.   8

Ancrés dans cette vision des choses,
anéantis dans leur être,
perdus pour tout discernement,
ils se manifestent en actions terribles,
ils ne sont bons qu'à détruire le monde.   9

Rivés au désir insatiable,
mus par la duplicité, l'orgueil et la folie,
ils se cramponnent à des fantômes
par leur aveuglement
et n'agissent
qu'avec un entêtement ténébreux.   10

Enchaînés à des réflexions sans fin
dont la mort seule est le terme,
sans autre but que le fruit de leurs désirs,
convaincus que c'est ainsi
que sont les choses,   11

cousus d'espoirs qui sont autant de menottes,
lancés sur le chemin de la colère et du désir,
ils s'ingénient, pour obtenir le fruit de leurs désirs,
à acquérir avec aberration des montagnes de choses.   12

« Voici ce qu'aujourd'hui j'ai eu.
Voici le désir que j'assouvirai.
Ceci, même ceci est à moi !
D'autres richesses viendront encore.   13

Voilà un ennemi que j'ai tué,
et j'en tuerai d'autres encore.
Dieu, c'est moi,
c'est moi le bénéficiaire de toute chose,
j'ai atteint mon but,
j'ai la force et la paix.   14

Je suis fortuné, de haute naissance,
qui d'autre m'est comparable ?
Je serai pieux, généreux, heureux. »
C'est ce que disent ceux
que l'ignorance aveugle.   15

Désintégrés par leurs pensées innombrables,
prisonniers de l'illusion et de sa nasse,
attachés au fruit de leurs désirs,
ils tombent dans les ténèbres de l'enfer.   16

Imbus d'eux-mêmes, tout d'une pièce,
pétris d'agitation, de vanité et d'opulence,
ils font des sacrifices qui n'en ont que le nom,
avec hypocrisie,
sans souci de leur déroulement précis.   17

C'est parce qu'ils sont soumis à leur personne,
soumis à puissance, orgueil, désir et colère,

qu'ils me repoussent par envie
dans le corps d'autrui et dans le leur.   18

Ces êtres hostiles et sans pitié,
les plus déshérités des hommes
dans le flot de la vie,
je les rejette pour toujours
au néant des ténèbres.   19

Tombés dans ces ténèbres,
égarés, de naissance en naissance,
sans pouvoir me rejoindre, Arjuna,
ils suivent alors la voie
la plus déshéritée.   20

Voici la triple porte de l'enfer
qui signe la perte d'un être :
désir, colère et convoitises.
C'est pourquoi il faut renoncer
à ces trois tentations.   21

Un homme affranchi, Arjuna,
de ces trois portes des ténèbres,
est dans le meilleur de lui-même,
il suit alors la voie ultime.   22

Quand on ne tient pas compte des enseignements,
sous l'action du désir,
on n'atteint ni accomplissement,
ni paix, ni voie ultime.   23

Et ces enseignements seront pour toi un guide sûr
pour discerner ce qu'il faut faire ou ne pas faire.
C'est en connaissant ce que ces enseignements prescrivent
que tu seras à même d'agir.   24

XVII

DE LA FOI

Arjuna :

Mais ceux qui, sans suivre ce que prescrit l'enseignement,
mettent tout leur cœur dans leurs actes,
quel est leur état intérieur, ô Krishna ?
est-ce l'être ?
Ou bien, hélas, l'activité, la pesanteur ? 1

Krishna :

L'engagement du cœur est de trois sortes.
Pour une âme incarnée, il provient
de la nature de chacun.
Il est être, activité, pesanteur.
Écoute : 2

L'engagement du cœur épouse, pour chacun,
la forme de son être, Arjuna,
car l'homme est fait de cet engagement,
tel est son cœur, tel il est, lui. 3

L'être nous tourne vers le ciel,
l'activité nous tourne
vers les puissances du succès,
la pesanteur nous tourne
vers les multitudes de formes,
spectres de la réalité. 4

Ceux qui se livrent à de surhumains efforts,
en dissonance avec ce que prescrit l'enseignement,
identifiés à leur moi illusoire,
hantés par la violence
de leurs désirs et de leurs émotions,　　　　5

harassant dans leur corps, par manque de conscience,
tout à la fois l'ensemble de leur être et moi
qui suis au tréfonds de leur corps,
sache qu'ils sont possédés des ténèbres.　　　　6

La nourriture préférée de chacun est aussi de trois sortes,
tout comme sont de trois sortes
l'action, l'effort, l'offrande.
Apprends de moi cette répartition :　　　　7

Les nourritures qui accroissent
bonheur, bien-être, santé et force,
légèreté et longévité,
quand elles ont saveur, suavité, substance,
et qu'elles ont du cœur,
ont les faveurs de ceux où l'être prédomine.　　　　8

Quand elles sont amères, acides ou salées,
quand elles ont trop de chaleur,
qu'elles sont piquantes, astringentes ou brûlantes,
les nourritures sont recherchées par l'homme
dans le feu de l'action
mais provoquent
inconfort, peine et souffrance.　　　　9

La nourriture réchauffée qui a perdu saveur, fraîcheur,
tout ce qui est rassis,
qui n'est que restes insipides,
a les faveurs de ceux où la pesanteur prédomine.　　　　10

Ce qui est accompli sans le désir d'un fruit,
avec la simple vision des faits,
dans l'unique pensée : « Cela doit s'accomplir »,
cela relève de l'être. 11

Mais quand on est tout entier fixé
sur le fruit de son acte
et que l'on agit par calcul,
sache, Arjuna, qu'on est alors
sous l'empire de l'activité. 12

Quant à ce qui se fait sans règles,
sans dons de nourriture,
sans paroles senties,
sans générosité,
sans cœur,
cela relève de la pesanteur. 13

Rendre hommage aux sages, aux maîtres,
aux deux-fois-nés, aux dieux,
posséder transparence et droiture,
être abstinent et non-violent,
c'est cela conduire son corps. 14

Un langage sans agitation affective,
vrai, amical et juste,
et sa propre étude menée sans faille,
c'est cela conduire la parole. 15

Le calme de l'esprit, la bienveillance,
le silence,
le total retrait en soi-même,
la pureté des émotions,
c'est tout cela conduire la pensée. 16

Cette conduite à trois visages,
quand elle est menée de tout leur cœur
par des hommes
qui n'ont aucun désir du fruit de leurs actions,
qui sont totalement détachés,
cette conduite appartient à l'être. 17

La conduite qui a pour but
honneurs, adulations et considération,
qui est dictée par le calcul,
relève de l'activité
impermanente et mobile. 18

La conduite menée en aveugle, en s'opprimant soi-même,
ou bien en harcelant autrui,
cette conduite
relève de la pesanteur. 19

La générosité qui n'est pas un remerciement en retour,
qui est seulement donner,
pratiquée en temps et en lieu pertinents,
pour la juste personne,
relève de l'être. 20

La générosité qui a pour but une récompense en retour,
qui vise encore un fruit
et qui est donc totalement viciée,
relève de l'activité. 21

La générosité qui se produit à contretemps, à contrelieu,
pour des destinataires immérités,
qui n'a donc ni valeur ni discernement,
relève de la pesanteur. 22

« *Om, Tat, Sat* », c'est par ces trois mots
que l'on désigne la Conscience.

Par eux, jadis, furent institués
la Conscience dans l'homme,
la connaissance,
et l'action.   23

Voilà pourquoi c'est en énonçant : « *Om* »
que faire, donner et être
se manifestent,
en accord avec la réalité,
pour celui qui parle de Conscience.   24

« *Tat* », c'est ce que disent,
sans se préoccuper d'un fruit,
ceux qui pratiquent faire, donner et être
avec la libération pour désir.   25

Et c'est au vrai et au réel que « *Sat* » s'applique,
et donc à toute action juste.   26

Demeurer immuablement
dans être, donner et faire,
se nomme « *Sat* ».
Et tout action qui y tend,
en vérité, se nomme « *Sat* ».   27

Mais si être, donner et faire,
et si agir,
se font sans cœur,
alors, Arjuna, cela se nomme « *asat* »,
et cela n'a réalité
ni ici-bas ni au-delà.   28

XVIII

DU RENONCEMENT ET DE LA LIBÉRATION

Arjuna :

Je voudrais bien savoir, Krishna,
ce qu'il en est réellement
du détachement et du renoncement,
de ce qui les distingue. 1

Krishna :

Les poètes inspirés savent
que le détachement,
c'est s'abstenir des actes animés de désir.
Et que le renoncement,
c'est l'abandon du fruit de toute action ;
c'est ce qu'ils disent avec lucidité. 2

Il faut renoncer à l'action comme à la peste,
disent certains penseurs.
Il ne faut pas renoncer au geste d'offrande,
à l'action généreuse, à l'effort intérieur,
disent d'autres. 3

Apprends de moi, ô Arjuna, toi le meilleur des hommes,
ce qu'il faut discerner dans le renoncement.
En effet, le renoncement
est connu sous trois formes. 4

Il ne faut renoncer ni au geste d'offrande,
ni à l'action généreuse, ni à l'effort intérieur ;
cela il te faut l'accomplir.
Offrande, générosité, effort sont, au yeux des penseurs,
des moyens de purification.   5

Seulement, ces actions, c'est sans s'y attacher,
sans idée de leur fruit,
qu'il faut les accomplir.
C'est cela qui est pour moi
la vision la plus haute.   6

Quand l'action se présente à soi,
s'en détacher n'a pas de sens.
C'est une illusion que d'y renoncer,
c'est un renoncement dû à la pesanteur.   7

Renoncer à l'action
sous prétexte qu'elle est périlleuse,
par peur d'en souffrir dans son corps,
c'est un renoncement passionnel
qui n'obtient aucun fruit.   8

Mais accomplir l'action qui se présente, Arjuna,
l'action qu'il faut accomplir,
c'est renoncer à tout attachement, à tout fruit de son acte,
c'est là, pour moi, le renoncement
qui relève de l'être.   9

Il ne repousse pas plus un acte difficile
qu'il ne s'attache à une action aisée,
celui qui a renoncé,
l'être l'habite entièrement,
il possède la vraie pensée,
ses doutes ont été tranchés.   10

Quand on possède un corps, renoncer à l'action
est une impossibilité.
Mais renoncer aux fruits de l'action,
c'est cela qui, en vérité, constitue
le renoncement.   11

Désiré, indésiré et mêlé,
triple est le fruit des actes.
Pour ceux qui n'y ont pas renoncé,
il se produit après leur mort,
jamais pour ceux en qui existe
le détachement.   12

Apprends de moi qu'il existe, Arjuna,
cinq facteurs
que recense une analyse complète
et qui, tous, concourent
à l'accomplissement heureux de toute action.   13

Une situation, un acteur,
des moyens – ils sont divers –,
des modalités – elles sont très variées –,
et enfin le destin,
le cinquième et dernier facteur.   14

L'action qu'un homme entreprend
avec son corps, sa voix et sa pensée,
qu'elle soit pertinente ou aille à contre-courant,
met toujours en jeu ces cinq causes.   15

Cela étant posé, si l'on se voit soi-même
comme réduit au seul rôle d'acteur,
par manque de discernement,
on ne voit pas vraiment les choses,
on n'a pas une pensée juste.   16

Celui qui n'est pas confiné dans son moi,
dont la conscience n'est alors
nullement affectée,
même s'il tue ces êtres que voici,
en réalité, n'en fait rien,
il ne contracte aucun lien. 17

Connaissance, objet à connaître, sujet connaissant,
tels sont les trois éléments qui incitent à l'action.
Moyens d'agir, action, acteur,
tels sont les trois éléments
qui constituent l'action. 18

Connaissance, action, acteur
sont chacun triple
en fonction des trois éléments dont la nature est faite.
C'est ce qui apparaît quand on les examine,
voici comment : 19

La connaissance qui nous fait voir
qu'en tout ce qui existe
il y a une unique essence immuable,
qui garde son intégrité en chaque objet particulier,
cette connaissance relève de l'être,
sache-le. 20

La connaissance qui, de par la multiplicité des choses,
enregistre en tout ce qui existe
un nombre infini de formes,
chacune avec un aspect spécifique,
sache qu'elle appartient
à l'activité passionnelle. 21

Quant à la connaissance qui s'attache
à une unique action comme à un absolu,

elle ne repose sur rien,
c'est comme si elle n'avait pour but que le néant,
elle n'est rien, elle relève de la pesanteur. 22

L'action qui est indéfectiblement
libre de toute attache,
qui s'accomplit sans qu'interviennent
ni attirance ni rejet,
sans le désir d'en obtenir un fruit,
on dit que cette action traduit l'être. 23

L'action qu'on accomplit avec l'envie
d'avoir l'objet de ses désirs,
ou bien encore avec l'idée d'être quelqu'un,
ce qui accroît les tourments,
on dit que cette action exprime
l'activité passionnelle. 24

L'action qu'on accomplit avec aveuglement,
sans voir qu'elle est suivie de contingences,
de destruction et de violence,
sans tenir compte de ce qu'est l'Esprit dans l'homme,
cette action, nous dit-on, traduit la pesanteur. 25

Quand il n'a plus d'attachement
et que son moi a disparu,
quand seuls existent en lui
fermeté et résolution
et qu'il demeure immuable
dans le succès et dans l'échec,
l'acteur est marqué par l'être. 26

Passion, désir du fruit de ses actions,
avidité, violence et contradictions,

enthousiasmes et déceptions,
tels sont les traits qui apparaissent
chez un acteur habité
par l'activité passionnelle. 27

Attachement, désordre, entêtement,
déloyauté, paresse et lâcheté,
désarroi et apathie,
tels sont les traits qui apparaissent
chez un acteur marqué par la pesanteur. 28

Écoute comment conscience et assise personnelles
se répartissent
selon les trois éléments de la nature.
J'en dresse description complète, Arjuna,
selon la diversité des formes. 29

La conscience qui sait distinguer
l'activité du repos, l'action de la non-action,
la peur de la sérénité, les liens de la libération,
cette conscience relève de l'être. 30

La conscience qui ne discerne pas avec exactitude
entre ordre et chaos,
entre non-action et action,
cette conscience relève de l'activité passionnelle. 31

Mais la conscience qui prend le chaos pour de l'ordre,
car noyée de ténèbres,
qui voit toute réalité à contre-sens,
cette conscience relève de la pesanteur. 32

L'assise qui soutient le mouvement
des sens, du souffle et de la pensée,

assise permanente grâce au détachement,
cette assise traduit l'être. 33

Mais celle qui soutient tout ce qui fait l'existence :
possessions, désirs et devenir,
qui, par l'attachement qui lui est inhérent,
nous emplit du désir d'un fruit,
cette assise appartient
à l'activité passionnelle. 34

Enfin, celle qui ne nous affranchit jamais
du rêve, de la peur et du chagrin,
du désarroi, de l'illusion,
cette assise, dans son aveuglement,
relève de la pesanteur. 35

Et maintenant, Arjuna, apprends de moi
la triple forme du bonheur.
Celui qui engage toutes nos forces,
qui met un terme à la souffrance, 36

qui, au début, semble un poison,
mais qui, au terme, est ambroisie,
ce bonheur est celui de l'être,
c'est un présent issu de sa propre conscience. 37

Le bonheur qui, d'abord, paraît de l'ambroisie,
en raison de l'union des objets et des sens,
qui, à la fin, ressemble à du poison,
ce bonheur est celui de l'activité passionnelle. 38

Et le bonheur qui, au début et par la suite,
est créateur de liens,
aveuglement de soi,

né du sommeil, de l'apathie, de l'ivresse des sens,
ce bonheur vient de la pesanteur. 39

Ni sur terre, ni au ciel,
ni même chez les dieux,
n'existe
un être qui puisse être
affranchi de ces trois éléments
surgis de la nature. 40

Brahmanes, Kshatriya, Vaishya, Shudra,
leurs actions obéissent
à leur nature intrinsèque. 41

Sérénité, maîtrise, effort, rayonnement,
patience, droiture,
connaissance, discrimination, confiance en l'être,
c'est ce qui marque un Brahmane. 42

Bravoure, éclat, fermeté,
adresse et courage au combat,
magnanimité, autorité,
c'est ce qui marque un Kshatriya. 43

Labourer, garder les troupeaux, commercer,
c'est ce qui marque les Vaishya,
tandis que pour les Shudra, leur nature
les conduit à servir. 44

Quand il s'en tient à son propre mode d'action,
un homme atteint la réussite.
Comment, en s'en tenant à sa propre action,
on trouve la réussite,
apprends-le de ma bouche. 45

Ce dont procède tout ce qui existe,
qui a déployé l'univers que tu vois,
c'est en l'honorant par sa propre action
que l'homme atteint la réussite.   46

Meilleur est son lot, fût-il ingrat,
que le destin d'autrui,
même à la perfection suivi.
Accomplir ce que dicte notre propre nature
ne nous vaut aucun mal.   47

Son mode d'action inné, Arjuna,
il ne faut pas le rejeter,
même s'il y a des difficultés.
Toute entreprise, en effet,
est entourée d'embûches
comme le feu s'entoure de fumée.   48

C'est par un esprit détaché en toute circonstance,
par maîtrise de soi et par absence de désir,
que l'on accède, alors, par le détachement,
au terme ultime de la non-action.   49

Comment, touchant au but,
on atteint la Conscience,
apprends-en de ma bouche l'essentiel, Arjuna.
C'est là, pour la connaissance,
le fondement ultime.   50

Quand rien n'affecte plus sa conscience,
que tout est ferme en soi,
que les objets nous ont quittés,
qu'attirance et rejet ne nous concernent plus,   51

que l'on demeure vigilant sans cesse,
léger de nourriture,

maître de sa pensée, de sa parole et de son corps,
avec, pour seul but, d'observer avec détachement,
quand on est tout entier tourné
vers ce qu'aucune passion n'affecte, 52

quand on n'a plus le goût d'être quelqu'un,
que l'on n'a ni orgueil, ni violence,
ni désir, ni colère,
ni instinct de possession,
quand on est enfin libre et serein,
on est tout à fait prêt à devenir Conscience. 53

Et, devenu Conscience, tout son être apaisé,
on n'éprouve alors ni regret ni désir.
Envers toute chose existante, on a un regard égal
et l'on obtient au terme ultime
de partager mon être. 54

Ce partage me fait reconnaître
dans ma grandeur et dans ma vraie nature.
Me connaître réellement
fait aussitôt entrer en moi. 55

C'est en accomplissant toute action
avec ce que je suis pour refuge
qu'on atteint pour toujours, par ma grâce,
au séjour immuable. 56

Par la pensée, remets en moi toute action,
j'en suis le terme.
Demeure uni à ta conscience,
que je sois toujours ta seule pensée. 57

C'est ainsi que tu franchiras tout obstacle,
j'ai ce pouvoir.

Mais si ton moi te rend sourd,
tu périras. 58

Et si, confondu à ce moi, tu penses :
« Je ne combattrai pas »,
ta décision est un non-sens,
ta nature te conditionne. 59

C'est parce qu'elle est assujettie à ta propre nature,
Arjuna,
que ton action t'entrave.
Il est illusoire de refuser d'accomplir
ce que, bon gré, mal gré, tu accompliras. 60

Le maître de ce qui existe, Arjuna,
réside au cœur des choses.
Il fait tourner le monde que sa puissance créatrice
a fixé sur un mécanisme. 61

Va vers lui comme vers un refuge, Arjuna,
à travers toute forme existante.
Par lui, tu atteindras à la toute-sérénité,
à la réalité éternelle. 62

C'est cela ce que j'appelle connaissance,
le secret des secrets.
Observes-en le détail avec un soin méticuleux,
et puis agis comme il te plaît. 63

Entends encore ce que j'ai à te dire de plus secret :
je t'aime profondément.
Et voici quelle est ta réalité : 64

Que je sois ta seule pensée,
ton seul objet de partage,

le seul but de tes actes,
le seul devant qui t'incliner,
alors tu m'atteindras réellement,
je t'en fais le serment,
tu es cher à mon cœur. 65

Renonce à toute doctrine,
viens à moi comme au refuge unique,
je t'affranchirai de tout mal,
ne te désole plus. 66

Cela, il ne faut jamais le transmettre
à qui n'a pas le feu de la recherche,
à qui ne sait partager,
à qui n'a pas le désir d'entendre,
enfin, à qui s'insurge contre moi. 67

Cette réalité profonde, ultime,
qui la dira à ceux qui partagent mon être
aura total partage avec moi,
en vérité me rejoindra,
il n'y a aucun doute. 68

Et c'est pourquoi, parmi les hommes,
nul ne sera, pour moi, mieux à même d'agir,
et nul, sur terre, ne sera
plus précieux à mon cœur. 69

Et qui lira ce dialogue essentiel,
que nous avons tous deux,
fera par-là acte de connaissance
et, ainsi, m'aimera,
voilà ce que je pense. 70

Qui ne pourra que l'entendre
de tout son cœur et sans vains préjugés

connaîtra la libération
et atteindra les mondes lumineux
qui s'ouvrent aux actes justes. 71

Cela, l'as-tu écouté, Arjuna, d'une esprit concentré ?
Et les mirages, nés de ton ignorance,
ont-ils été anéantis ? 72

Arjuna :

Oui, ils le sont.
Grâce à toi, ma conscience est claire.
Me voici debout,
mes doutes ont disparu
et je ferai ce que tu dis. 73

Samjaya :

Tel fut le dialogue entre Krishna
et Arjuna le magnifique,
dialogue indicible et surnaturel,
et j'en tremble encore. 74

Grâce à Vyâsa, j'ai pu entendre
le plus haut des mystères,
le secret de ce détachement
dont Krishna est le maître
et dont il a parlé lui-même sous mes yeux. 75

Ô roi, chaque fois que je pense
à ce dialogue exceptionnel et sublime
entre Krishna et Arjuna,
mon exaltation croît d'instant en instant. 76

Et chaque fois que je pense
à la surnaturelle forme de Vishnu,

immense est ma stupéfaction, ô roi,
et mon exaltation croît d'instant en instant.

Là où se trouve Krishna,
le maître du détachement,
et là où est Arjuna,
l'archer,
là sont gloire, victoire, plénitude et conduite,
voilà ce que je pense.

De la lecture du sanskrit
et
de la traduction de la *Bhagavad Gîtâ*

Dans le déroulement des dix-huit chants de la *Bhagavad Gîtâ* (le sanskrit dit : lectures, et non : chapitres), les deux amis qui se parlent sont désignés ou s'appellent mutuellement, cela va de soi, par leur nom premier : *Arjuna* et *Krishna*. Mais on voit fleurir, tant dans le récit lui-même fait par Samjaya à Dhritarâshtra que dans le dialogue entre les deux héros, de nombreuses épithètes : des qualificatifs et des patronymes ou matronymes. Ainsi Arjuna est : « Guerrier aux bras puissants », « Conquérant de trophées », « Harceleur d'ennemis », « Tigre des hommes », « Joie des Kuru », « Homme au chignon » (Krishna est : « Chevelu » ou « Homme aux cheveux en bataille »). Arjuna est aussi Pândava, fils de Pandu, son père, ou Kaunteya, fils de Kuntî, sa mère.

Krishna est saisi lui aussi dans maints de ses aspects. Il est : « Destructeur de Madhu », « Destructeur d'ennemis », « Maître de toute chose », « Seigneur suprême », « Dieu à la forme innombrable », « Dieu aux yeux de lotus ». Il est naturellement : « Vishnu ». Il est : « Tout ». Il est aussi : « Yâdava » (par ses origines terrestres). On le voit qualifié, tout comme Arjuna, de : « Guerrier aux bras puissants. »

Nous avons choisi de ramener ce foisonnement d'épithètes au dénominateur commun le plus clair : Arjuna et Krishna. Cette option ne fut pas un parti pris. Il est devenu peu à peu évident que la fidélité à l'original émaillerait le texte français de grumeaux épiques et conférerait au résultat une lumière légèrement surannée. Les composés grammaticaux, dont le sanskrit fait le plus large usage, n'ont aucune peine à s'insérer rythmiquement dans la structure d'un verset. La traduction ne peut que les dé-composer. Il s'ensuit qu'ils reçoivent un relief et un accent que nous avons jugés par trop excessifs. Aussi avons-nous renoncé à ce parfum pour que la lecture puisse s'attacher davantage au cœur de la parole.

C'est cette optique qui a entraîné la disparition de certains termes sanskrits d'ordinaires livrés dans les langues actuelles sous leur forme translittérée. Ainsi, par exemple : *Brahman*, la Conscience ultime. Ou bien encore : *Nirvâna*, la résorption dans l'Immuable Réalité. Et, bien entendu : *Yoga*, à propos duquel nous donnons un aperçu plus substantiel dans les notes du Chant IV.

Il nous est apparu que nombre de mots, de claire structure linguistique, se comportaient comme des cadres solides à l'intérieur desquels pouvait jouer un arc-en-ciel de nuances extrêmement souples et plastiques mais néanmoins toujours reliées à une *image* première qui en était la matrice. Ces traits si puissamment vivaces sont trop inhérents au sanskrit pour que le français les apprivoise, ou pour qu'un dictionnaire puisse en être l'orfèvre.

Il serait évidemment discourtois d'asséner des spéculations érudites à qui n'aurait aucune expérience directe du matériau sanskrit. Ce serait parader en vain au milieu de lettres mortes. Il nous reste, en revanche, à espérer que tout lecteur, dans le jardin personnel qu'il cultive, aura parcouru des chemins et conçu des pensées qui le rendront réceptif à ce que nous suggérons à propos de cette langue plus que millénaire, nourrice d'un immense cheptel littéraire.

Aussi avons-nous envie de dire que ce travail est plus une lecture de la *Bhagavad Gîtâ* qu'une traduction au sens technique habituel du terme. Ce qui implique une démarche somme toute assez précise.

Nous avons écouté le dialogue d'Arjuna et de Krishna à travers la langue sanskrite qui le consigne. Nous avons ausculté les mots dont ils se servent à travers la pensée que chacun d'eux propose. Ils ont été considérés comme des dictionnaires vivants. C'est de cette situation seule qu'ont spontanément découlé des différences en apparence considérables par rapport aux acceptions traditionnellement véhiculées dans les versions antérieures de la *Bhagavad Gîtâ*.

Une langue balance toujours entre l'atome d'eau de sa source première et le Gange de son delta.

NOTES

Nous avons choisi de relever dans chaque chant ce qui pouvait donner lieu à un commentaire utile à la lecture générale du poème : informations sur un personnage, précisions sur un mot et brefs développements sur la pensée indienne.

Les numéros dans les marges renvoient aux pages de la *Bhagavad Gîtâ*.

I

DU DÉSARROI D'ARJUNA

17 2 – **Duryodhana** (« l'indomptable ») est l'aîné des cent fils du roi **Dhritarâshtra**. C'est lui qui conduit l'armée des **Kaurava**. Son maître d'armes est **Drona**, qui a été aussi celui des **Pândava**.

17 3 – Le fils de **Drupada** : il s'agit de **Dhristaduymna** (« à la force insolente »). Il est le frère de **Draupadî**, la jeune femme qui est l'épouse des cinq frères Pândava.

18 5 – **Kâshi** est l'ancien nom de Bénarès. Il signifie : « la resplendissante ». Kâshi est ville-lumière.

18 6 – Le fils de **Subhadrâ** : Subhadrâ est la jeune sœur de Krishna. Elle est l'épouse d'Arjuna. Leur fils est **Abhimanyu** (« Le toute-fureur »), il tuera Duryodhana.

Draupadî, l'épouse obtenue par Arjuna dans une joute et partagée par les cinq frères Pândava.

18 8 – **Bhîsma**, fils du roi **Shantanu** et de la déesse **Gangâ**, le fleuve sacré. C'est le grand ancêtre pour les deux clans rivaux. Tous le respectent pour sa sagesse et pour son invincibilité.

Karna, le frère secret des cinq Pândava. Son père est le soleil, **Sûrya**, et sa mère est **Kuntî**.

Ashvatthâman. il est le fils de Drona, le maître d'armes. Il sera l'un des survivants du combat. Aidé de deux autres Kaurava, il massacrera les cinq enfants que Draupadî a eus avec ses cinq époux Pândava : **Yudhisthira**, **Bhîma**, **Arjuna**, **Nakula** et **Sahadeva**. Il apportera leurs têtes à Duryodhana mourant.

18 10 – **Bhîma**, fils de **Vâyu** (« le Vent ») et de Kuntî. Il est doté d'une force physique démesurée, son caractère est emporté, impulsif.

19   15 – **Vrikodara** est un autre nom de Bhîma. Il signifie : Ventre de loup.

19   16 – **Yudhisthira**, l'aîné des Pândava, fils de **Dharma** (« la Loi ») et de Kuntî.

       Nakula et **Sahadeva**, les jumeaux nés des dieux **Ashvin** et de Kuntî.

19   17 – **Shikandî**. Personnage singulier, qui est la réincarnation d'**Ambâ**, jeune femme que jadis Bhîsma avait enlevée pour la donner en épouse à son frère. Mais promise au roi de **Salva**, elle refusera ce mariage. Et le roi de Salva, qu'elle aime, ne voudra plus d'elle. Elle fera serment de tuer celui qui a ruiné son destin, Bhîsma l'invulnérable, et c'est sous les traits de Shikandî qu'elle y parviendra.

20   23 – « *Le fils insensé de Dhritarâstra* », c'est Duryodhana.

23   44 – « *c'est ce que dit la tradition* »

       Arjuna exprime ici quelque chose qui est le fruit d'une éducation et non le résultat d'une conviction complètement personnelle. Le processus fatidique de réactions en chaîne, qu'il a exposé à Krishna, demeure dans le cadre d'un savoir : c'est ce que l'on entend dire depuis toujours. Arjuna semble n'avoir que ces seules références. On voit bien qu'elles sont loin de lui apporter détermination et sérénité. Elles provoquent une émotion qui le submerge, lui ôte forces et courage.

II

DE LA NATURE DU MONDE

27   12 – Dans ce shloka, la langue sanskrite emploie avec beaucoup de précision et d'éclat deux des trois verbes (il en existe même un quatrième) qui servent à énoncer les diverses modalités de l'être : celui qui traduit cette réalité impérissable que rien ne saurait altérer, et celui qui note que nous avons une présence physique parfaitement circonscrite par une forme, par un corps. C'est le terme *existence* qui a ici cette valeur. Le troisième verbe signalé a charge d'enregistrer le déroulement effectif de l'existence, la vie évènementielle de l'être.

27   16 – Cela reviendrait à dire que là où l'être n'est pas, il ne peut « exister » que le néant. Étrange paradoxe qui fait reposer tout état transitoire de la nature sur la pérennité immuable de l'être.

31   39 – C'est un shloka charnière, où sont associés, dans le texte sanskrit les deux termes de **Sâmkhya** et de **Yoga**, particulièrement connus comme incarnant deux « visions » philosophiques, deux systèmes complémentaires. Il apparaît évident que dans ce contexte,

l'un, le sâmkhya, résume ce qui a été dit, et l'autre, le yoga, annonce ce qui va l'être. À une analyse (sâmkhya) succède une expérience (yoga), rien de plus dans la vie des mots.

33   54 – On remarquera avec plaisir la touchante naïveté d'Arjuna qui veut des perceptions concrètes, des images fiables, des preuves. Bien sûr, Krishna ne répondra pas directement à ces questions ingénues.

III

DE L'ACTION

38   9 – Ce terme de sacrifice est très malaisé et presque malheureux par les résonances d'expiation qu'il suggère. Le sacrifice n'est rien d'autre que l'acte qui abolit notre exil dans une forme particulière, et nous fait réintégrer la totalité de l'être primordial dont nous sommes les ombres vivantes.

42   37 – Le Désir. **Kâma**, en sanskrit. C'est une forme irrésistible et mystérieuse, qui va bien au-delà de la simple pulsion affective. Le désir est au cœur de la création. Kâma, dans la mythologie indienne, est le dieu de l'Amour. Il est le seul qui soit né de lui-même. Il est, en toute impunité, le grand magicien qui perpétue, par l'ivresse délicieuse de ses flèches de fleur, l'existence des formes. Dans **Cosmogonie**, hymne fameux du Rig Veda (X, 129), Le poète qui rêve l'état du monde avant la manifestation, parle de l'*Un* comme unique réalité, et il précise :

> « En ce temps-là, en l'Un mûrissait le Désir,
> le premier germe de Pensée. »

Nous n'en saurons pas plus. Krishna dira au chant VII, Shloka 11 :

> « Je suis en toute chose le désir
> en harmonie avec l'ordre cosmique, Arjuna. »

Ce qui est façon de réconcilier l'énergie de vie et les fondements du monde, même s'ils sont impénétrables pour un simple mortel.

Dans l'âpre discorde qui déchire une même famille, les Kaurava n'ont-ils pas attisé précisément le « désir » des Pândava qui, menacés dans leurs droits légitimes à la royauté, sont donc la proie vivante de leurs instincts de possession ?

IV

DE LA CONNAISSANCE ET DU RENONCEMENT À L'ACTION

44   1 – **Vivasvat** représente le soleil. **Manu** est l'un des progéniteurs de la race humaine, et **Ikshvaku** est son fils.

« ce détachement intérieur ». C'est le leitmotiv de la Bhagavad-Gîtâ. En sanskrit, c'est le terme *yoga* que nous lisons. Il faut se rappeler qu'au chant II, il y a deux précisions capitales et complémentaires :

> « C'est cette égalité même
> qui est détachement intérieur » (48)
> « Le détachement intérieur
> est la source de toute action » (50)

Que le mot sanskrit de *yoga* puisse représenter quelque chose qui mêle, de façon étroite et indivisible, une totale équanimité d'approche (on ne juge pas, on est au-delà du bien et du mal)et une aptitude absolue à agir, cela rend très hasardeux d'en réduire la portée à : « discipline » ou, plus décevant encore, à : « yoga », le mot étant donné tel quel dans les traductions. Ce terme a un tel double visage qu'il est irréaliste d'imaginer qu'un équivalent exact puisse errer dans notre langue. Nous avons opté pour l'un de ces visages : le détachement intérieur.

Il faut enfin prendre garde de ne pas se laisser abuser par les échos que pourrait furtivement provoquer le terme : détachement. Quand l'être humain a touché, de toute sa conscience, qu'il n'a nul lieu de se concevoir comme un acteur, que c'est là une fiction élaborée par ses sens et par sa pensée, on peut nommer, en effet, l'état qui en résulte : détachement.

47   17-18 – Ce sont les shloka qui représentent le cœur de la pensée développée dans la *Bhagavad-Gîtâ*. L'investigation de la réalité est une aventure qui dépasse les facultés humaines. la recherche du savoir en soi nous enchaîne aux objets. Nos moyens limités réussissent à faire de l'infini notre cercueil. Seule la vision globale résorbe la dualité. Certes, nous pouvons nommer *paradoxe* cette simultanéité action/ non-action. En réalité le point suggéré n'est pas le fruit de l'addition des deux pôles. Il est naturellement *au-delà*.

48
49   25 à 31 – La résorption de l'être fini et défini dans l'océan de la conscience, notre seule vraie patrie, peut suivre des voies diverses. Ce sont ces modalités variées qui sont ici énumérées. Nulle n'est meilleure qu'une autre. Seule compte la conscience qu'il faut accomplir, quel que soit le chemin suivi, cet acte nommé « sacrifice », qui a pour but ultime

d'abolir l'écran factice que constitue le moi psychologique. Il n'est pas question, ici, de vertu, il s'agit essentiellement de connaissance.

V

DU RENONCEMENT À L'ACTION

52 1 – La question d'Arjuna dit assez clairement à quel point notre héros est dérouté par le niveau de conscience où Krishna situe son investigation de la réalité. Arjuna se perçoit encore à la croisée de deux chemins, de deux options. Un choix est un symptôme de dualité.
54 13 – « *la cité aux neuf portes* ». Image familière du corps et de ses neuf ouvertures.
56 27 – On peut apprécier ce shloka comme l'amorce de la technique du yoga, dont le chant VI donnera un avant-goût encore plus prononcé.

VI

DE LA MAÎTRISE DE SOI

58 Il apparaît évident, à la lumière des mots et de leur emploi en sanskrit, que dans la *Bhagavad-Gîtâ*, c'est : *Maîtrise de soi* (**Atmasamyama**) qui est apte à incarner tout ce qu'aujourd'hui nous entendons par « yoga », tandis que le terme sanskrit yoga, nous l'avons déjà dit, est rendu par : détachement intérieur. Ainsi en aucun endroit du texte n'apparaîtra le mot « yoga » sous sa forme translittérée.

La maîtrise de la pensée conduit au détachement intérieur. La pensée, pour l'Inde, est un organe, au même titre que les cinq sens que nous possédons. Les perceptions sensorielles sont d'ailleurs appréhendées comme des représentations mentales. La pensée est tout à la fois le creuset d'où naissent les désirs et le réceptacle où les objets extérieurs viennent attiser la convoitise.

C'est donc sur la pensée, conçue comme un organe, que la conscience individuelle doit exercer son action, afin de soustraire l'être à l'irrésistible force de séduction qui émane du harem des idées, sirènes capiteuses, entourées, comme on sait, de récifs mortels.

63 33-34 – L'interrogation d'Arjuna, sa perplexité devant une maîtrise de la pensée qui lui apparaît comme une inaccessible prouesse, soulignent bien le *paradoxe* : entendre que la pensée est mobile, très

difficile à saisir, ne fait qu'entraîner en lui la mobilité de sa propre pensée qui tente de se représenter et de percevoir combien mobile est la pensée... glissades répétées sur les pentes d'un éboulis mental. Dans une certaine perspective, « penser » c'est vouloir essuyer ses mains humides avec de l'eau.

VII

DE LA PERCEPTION DE LA CONNAISSANCE

67   4 – *Les huit divisions de ma nature.*

Elles décrivent l'homme, tout homme, dans sa totalité organique. Le *sens-du-moi*, c'est la possibilité de se concevoir entant qu'existence individuelle, ce qui nous fait dire : Je. La *pensée* est en réalité un organe, c'est la voix de l'intellect qui formule sensations et idées. La *conscience* est la faculté de discerner, de discriminer, de décider. L'image du char, qui symbolise l'individu, est une synthèse éloquente.

Le *Moi* sera le véhicule lui-même. La *conscience* est le cocher et, la *pensée*, ce sont les rênes qui, tout à la fois transmettent ordres et impulsions aux chevaux, et enregistrent leurs réactions, les chevaux incarnant les cinq *sens*.

La pensée est réduite au rôle de pur instrument. Laisser aux chevaux des sens la bride sur le cou, c'est donner quartier libre aux fantaisies, aux foucades, aux projections de la « pensée ». Seule la poigne du cocher – la conscience – peut diriger l'être dans la voie, insondable il est vrai, du **dharma**, du chemin juste, qui n'est pas nécessairement une chaussée que l'on pave de bonnes intentions.

Quant aux cinq éléments : *Terre, Eau, Feu, Air, Ether*, ils représentent organes de perception, organes d'action et phénomènes sensoriels.

Terre	nez	anus	odeur
Eau	langue	sexe	saveur
Feu	œil	pied	forme
Air	peau	main	toucher
Éther	oreille	bouche (parole)	son

Les mots qui nomment les phénomènes sensoriels traduisent bien la vision indienne des choses. Il n'est pas parlé de facultés : ouïe, odorat, vue, etc. Seul est enregistré le fait *concret* qui se produit entre un sujet qui perçoit et un objet perçu. Très souvent, à l'élucidation intellectuelle du monde, qui se pare sans le vouloir du prestige de l'autorité, se substitue le pur constat des faits. On est plus orienté vers l'expérience que vers les conclusions d'un savoir fermenté.

69 12-13 – Il s'agit ici de ce qui reçoit le nom de **guna** en sanskrit. On le traduit en général par : qualité, attribut. Les guna sont au nombre de trois. Ce sont les trois constituants de la matière. Le mot guna signifie au départ : fil, corde, toron. La matière est tissée avec ces trois brins. Ils ont pour nom : **Sattvam**, **Rajas**, **Tamas**. Alain **Daniélou**, dans son ouvrage, *Le Polythéisme hindou* ; les définit ainsi : tendance cohésive, tendance orbitante, tendance désintégrante. Si l'on se rapproche au plus près du sens premier de ces trois mots, nous découvrons que *Sattvam* signifie : le fait de posséder l'être (la présence de « l'être » immuable dans le fait physique de l'existence), *Rajas*, lui, est l'espace coloré, l'atmosphère, la vapeur de l'air, et aussi toute particule, poussière, pollen. (On pense aux corpuscules dont l'agitation brownienne est visible dans un rai de lumière) ; Rajas prendra la valeur d'*activité*. Quant à *Tamas*, il signifie *obscurité*, ténèbres. Il recueillera toutes les valeurs de pesanteur, de laisser-aller, d'indolence, de négligence, d'apathie. Le chant XIV : *Des Éléments de la nature*, leur est plus spécialement consacré. Nous les nommerons : *être, activité, pesanteur*. Ici, nous les avons rattachés à trois phases de la lumière : aurore, midi, crépuscule, en songeant aux influx naturels auxquels un être est soumis et qu'il peut ressentir comme fraîcheur de la naissance, lorsque le jour se lève, comme intensité quand l'action le requiert, et comme retombée quand le cycle du jour finissant achemine vers le sommeil.

69 16 – On peut être surpris par ces quatre catégories élues. Il nous semble que, derrière ces quatre sortes d'êtres, se profile ce que l'on désigne comme les quatre buts de la vie humaine, dans la pensée indienne. Ces buts sont : **Dharma**, **Kâma**, **Artha** et **Moksha**.

Dharma recouvre une vaste réalité. C'est le lot qui nous a été accordé en ce monde, le destin (mais connaître ce que nous avons à accomplir réellement dans cette existence reste passablement énigmatique sur un plan objectif). Dharma est aussi la loi.

Kâma, nous l'avons rencontré, est le désir, pulsion créatrice inhérente à la nature corporelle de l'homme, ferment qui a fait naître le cosmos, et, dans la psychologie quotidienne, les appétits qui tout à la fois stimulent et harcèlent.

Artha, enfin, ce sont les choses, les biens, les possessions.

Associé à ces trois dimensions, il y a Moksha, la libération. Mais, dans ce passage du chant VII, nous lisons : connaissance *(L'homme empli de connaissance)*. La connaissance est source de libération. C'est elle qui peut en même temps trancher le doute et réduire en cendres les déchets de l'action. Mais la connaissance n'est pas à proprement parler un « gain ». La libération n'est ni un état ni une acquisition. *Voir* que les mécanismes du Dharma, de Kâma et d'Artha font partie intégrante de la naturelle structure du monde mais ne participent jamais de notre authentique nature, c'est cela la connaissance, c'est cela la libération. Il suffit, si l'on peut dire, de souffler sur les nuages qui voilent le soleil.

VIII

DE L'IMPÉRISSABLE

72   Il ne faut pas oublier qu'il serait tout à fait hasardeux d'attribuer aux paroles de Krishna une valeur d'oracle. Toute forme est fiction, fiction réelle. Prendre cette fiction réelle pour LA réalité, c'est faire de LA réalité une réalité fictive. La spirale est sans fin. Comment dire le monde ?

Il est absolument essentiel que celui qui parle, Krishna, soit et un homme et un dieu confondus, c'est-à-dire la preuve palpable que l'être présent dans un corps mortel est aussi l'émanation d'une conscience sans limites et sans destin.

Aussi sentons-nous que dans la bouche de cette incarnation divine, il n'y a nul prosélytisme, nul appel à la conversion, nulle chasse au disciple ou au dévot. Il y a transmission de lumière. Si l'on souhaite emboîter le pas à une visite documentée de gisements religieux, il est loisible de pétrifier une parole vivante en un message théocratique. Mais on aura pu constater que si les éléments culturels et littéraires attestent sans ambiguïté l'existence de l'univers indien, Krishna s'en émancipe aisément, avec la tolérance du rire. On se souvient qu'au chant II, shloka 45, la somme religieuse et métaphysique des **Veda** est replacée dans la relativité de la matière. Krishna exhorte Arjuna à s'en affranchir.

76   24-25 – Pour ces shloka un peu insolites, un peu ésotériques, nous proposons un rapprochement avec un hymne du **Rig-Veda**, l'hymne (X, 90) du **Purusha**, de l'homme primordial.

Dans cet hymne cosmogonique, est retracé un mythe de création. À l'aube des temps, un géant, qui couvrait toute la surface de la terre, s'offrit en victime sacrificielle. Son démembrement fut la création. Image saisissante de ce qui a hanté en permanence la réflexion indienne : comment l'Un est devenu le Multiple ?

Il nous est dit que le soleil est né de ses yeux et que la lune est née de sa pensée. (La pensée telle qu'elle a été définie dans les notes du chant VII, c'est-à-dire le sixième organe sensoriel, l'organe intellectif).

Le soleil est vision directe, intuition. La lune est miroir, qui permet l'observation discursive. Fixer le soleil aveugle. Contempler la lune permet la... réflexion. On retrouve toujours et partout la même constante : l'obstacle, en l'homme, est son aptitude à faire errer des ombres dans le dédale de ses songes.

Qu'est-ce que véritablement *penser* ?

Il y aurait une réponse : c'est penser l'infini.

IX

DE LA JUSTE CONNAISSANCE

77 Ce chant appelle quelques observations.

Cela fait un long moment qu'Arjuna n'a pas manifesté, par ses questions, son incrédulité, son incompréhension et son trouble. Certes, au début du chant précédent, il a interrogé Krishna sur le sens de la Conscience, de l'âme incarnée, de l'action. Il est difficile de déduire autre chose, chez Arjuna, qu'une attention soutenue au paysage du monde que Krishna esquisse sous ses yeux. Et, sans doute, est-ce un indice de cette attention que la remarque de Krishna : *Tu es sans préjugés.* (shloka 1)

Dans les premiers chants, Arjuna était un homme étroitement soumis à une émotion qui l'enfermait dans le fourreau de sa personne. Il était logique que Krishna jetât d'abord une lumière sur la vie psychologique de l'être, vie qui concernait alors douloureusement la sensibilité d'Arjuna. C'est de la compréhension de sa propre nature qu'il est indispensable de partir. Sinon, tout aperçu sur la nature des formes versera inéluctablement dans le discours, la pensée happera les mots, se meublera d'idées. Croire est toujours la seule véritable infériorité de la conscience humaine. L'intellect est le royaume des palabres. La démarche de Krishna n'est pas d'asphyxier de concepts son ami Arjuna, elle est plutôt psychagogique. Il s'agit de dénouer l'armure mentale et psychologique pour que la perception puisse opérer librement et que le regard puisse enfin vivre.

X

DU DÉPLOIEMENT DES FORMES

84 Quelque chose de précieux nous est donné dans ce chant. L'intervention d'Arjuna (12 à 18) est presque émouvante. Il se rend intimement compte que c'est bien dans la bouche de Krishna lui-même, et de lui seul, que les mots qui traduisent ses innombrables formes, acquièrent leur poids véritable, rendent tout à fait effectives l'union, la fusion – si complexes et si mystérieuses pour l'esprit humain – de l'être (l'Immuable) et de l'existence (Le Toujours-Mouvant).

Arjuna est inapte à saisir dans l'instant et en un éclair le surhumain foisonnement des formes qui composent la réalité. Sa pensée ploie. Mais il a idée qu'il pourrait peut-être « concevoir » Krishna sous une forme particulière. Le dieu accède volontiers à sa demande.

On connaît la puissance de la parole, la lumière qui peut jaillir d'une image. Un mot peut suffire à disloquer une carapace de notions, à faire se volatiliser tous les vêtements oniriques qui langent l'invisible conscience. Il y a un joyau dans cette palette de manifestations :

« Et des Pândava, je suis toi, le conquérant de trophées »
(shloka 37)

Même si le chant qui suit est un sommet, puisqu'il s'agit d'une vision, même si s'ajoutent, par la suite, d'autres chants qui reprennent et amplifient certains thèmes et certains aspects évoqués dans les premiers chants, cette identité affirmée entre Arjuna et lui, aura été, de Krishna, le *dernier* mot.

XI

DE LA VISION DE L'ÊTRE INNOMBRABLE

92 6 – Les cinq catégories de dieux ne doivent rien au hasard. Les travaux de Georges Dumézil sur les dieux des Indo-Européens permettent de voir que ces cinq catégories se ramènent à trois fonctions.

Les *Aditya* sont les dieux souverains, ceux qui administrent le monde.

Les *Rudra* sont les dieux de la force physique. Les *Marut* (les vents) en font partie.

Les *Vasu* sont les dieux de la prospérité. C'est à cette classe qu'appartiennent les *Ashvin*, donneurs de richesse et de santé.

Un rapprochement s'impose avec l'origine des cinq frères Pândava. Les coïncidences sont troublantes.

Yudhisthira, l'aîné, est fils de *Dharma*, la Loi, un *Aditya*.

Bhîma et Arjuna sont les fils de *Vâyu* et d'*Indra*, dieux *Rudra*.

Nakula et Sahadeva, les jumeaux Pândava, sont les fils des *Ashvin*, dieux *Vasu*.

Ainsi perdure à travers une histoire pleine de relief et de convulsions l'antique structure des trois fonctions indo-européennes. La victoire des Pândava est le triomphe de l'ordre immémorial.

9 – Hari est un des noms de Vishnu, dont Krishna est l'incarnation.

Le *diadème* représente la réalité inconnaissable.

La *massue* symbolise la puissance du temps qui détruit tout ce qui se dresse sur sa route.

Le *disque* représente la puissance du mental. C'est l'arme terrible qui tranche net erreurs et têtes de démons.

XII

DE LA COMMUNION AVEC L'ÊTRE

La vision de l'être innombrable semble n'avoir laissé aucune trace tangible sur les nerfs d'Arjuna. La conversation reprend un cours paisible. Peut-être faut-il imaginer qu'Arjuna a franchi un palier intérieur au terme d'une vision où Krishna est devenu Vishnu aux quatre bras, couronné du diadème, tenant la massue et le disque, et où Vishnu est devenu la totalité effrayante de toutes les formes. À notre avis, ce fut une expérience décisive. Arjuna n'en dit absolument rien. Il vient de vivre quelque chose qui passe tout récit et qui a créé en lui un profond silence. Et tout ce qui va suivre désormais (du chant XII au chant XVIII) ressemble presque à un retour sur les lieux d'examen et de réflexion qui ont été déjà parcourus mais, ici, avec une différence capitale : la douloureuse inquiétude et la quête fiévreuse qui habitaient sa pensée ont disparu. Sa conscience n'est plus envahie par le jeu conjoint des spéculations et des émotions. Elle est toute-observation. Très rares, à partir de cet instant, se feront ses questions. Hormis celle qui ouvre ce chant, il y aura le shloka 21 du chant XIV, le shloka 1 du chant XVII et le shloka 1 du chant XVIII).

De la Communion avec l'Être. Sous cet équivalent français se trouve un mot sanskrit qui a connu une grande fortune dans le monde Indien : **Bhakti**. Il est couramment traduit par : *dévotion*. Et les connotations piétistes sont redoutables. De la racine qui fournit Bhakti est dérivé le nom **Bhagavân**, qui désigne Krishna et qui apparaît dans le titre du poème, la *Bhagavad-Gîtâ*. Bhagavân, c'est celui qui possède une part et qui peut donc partager quelque chose avec autrui, pourvu que l'on se tourne vers lui avec toute l'ouverture dont on est capable.

103   1 – les deux sortes d'êtres dont parle Arjuna ne sont là que pour mettre en évidence le dilemme intérieur qui surgit sur la route : comment percevoir au travers du diluvien Mutiple la réalité de l'Un ?

Il est peu concevable que Krishna vienne instaurer un culte. Il est providentielle incarnation (en sanskrit : **avatâra**, ce qui signifie passage par le bas). Il est le nautonier des âmes, il est médiateur pour les individus cloîtrés dans leur nature et régis par leurs limites.

XIII

DU CORPS ET DE SON CONNAISSEUR

107   C'est là une sorte de visite approfondie de l'homme. Y brille ce que nous avons nommé faiblement, faute de mieux, paradoxe.

La prise de conscience est tout à la fois savoir et intuition mais n'est, en réalité, ni l'un ni l'autre. Il ne s'agit que de la juste relation à établir entre les faits de la nature, qui appartiennent à un devenir, fugace par essence, et le regard de la conscience qui émane de l'être immuable. « Mourir », ce n'est pas objectivement passer de vie à trépas, c'est s'identifier à l'auteur de ses actes.

Dans cette perspective, c'est justement cette absence d'identification qui favorise le plus pleinement l'accomplissement véridique de l'action.

XIV

DES ÉLÉMENTS DE LA NATURE

113   Dans les notes du chant VII, shloka 12 et 13, nous avons donné idée de ce qu'étaient les trois **guna**, les constituants de la matière.

On pourrait dire que les diverses modalités de la psychologie humaine, humeurs, caractères, qualités et défauts, vertus et vices..., sont réparties selon un triple mode organique : *être, activité, pesanteur*.

Si l'on scrute attentivement ce qui est dit, on ne découvre pas de réel classement entre ces trois composants. Tous trois connaissent, chacun à sa manière, leur lot de contingences.

Nous avons la sensation qu'au départ de ces guna il y a une sensibilité au cycle de la lumière : transparence de l'aube, effervescence du plein midi et poids du crépuscule, le portier de la nuit d'où surgira une nouvelle naissance.

Concevoir que la réussite consisterait, par exemple, à persévérer dans les vertus du guna de « l'être » **(sattvam)**, ce serait matérialiser un idéal, c'est-à-dire faire renaître de ses cendres l'organe de la pensée, ce serait choir de nouveau dans les rangs de l'armée des ombres où l'on penserait pouvoir déceler la vraie lumière.

À la lueur de la dualité, toutes les vérités sont grises.

XV

DE L'ESPRIT ULTIME

118   Mythes cosmogoniques, poèmes, formes vivantes, Dieu ultime invoqué, vision totale de l'Un déployé au sein du Multiple, tout cela, nous n'y pouvons rien, ce sont des fables, ce sont les innombrables visages du Jeu cosmique.

Nommer la Toute-Présence, qui est le berceau de tout ce qui existe, c'est immanquablement faire du Sans-Forme un objet. Pourtant en toute chose existante, le parfum de cet Esprit ultime est présent. Le parfum de *Cela* qui ne connaît ni naissance ni mort.

L'Arbre cosmique est une image de cette indivisible relation, une image que le très familier banian aux aériennes racines a suggéré aux Indiens. Cet arbre nous dit que les formes cherchent à se résorber dans le Sans-Forme, dans le temps simultané où l'Être immuable, témoin de toute chose, est au cœur de ce qu'il y a de plus irréfutable en ce monde : l'action.

On peut mesurer là quel élargissement la pensée indienne donne, à travers Krishna, au mécanisme de l'action, si l'on se rappelle les premiers arguments, très pragmatiques, reçus, au début du poème, par Arjuna.

XVI

DE LA LUMIÈRE ET DE L'OMBRE

122 C'est ici une manière de réorchestrer, avec des mots sanskrits très riches de résonances, les dispositions intérieures de la conscience, loin par-delà les données psychologiques qui font l'homme ou le défont.

Nous voyons, dans certains traductions, un substitut peccamineux à lumière et ombre : divin et démoniaque. Nous ne voulons pas asséner que « lumière et ombre » sont littérairement la pertinence absolue. Au moins évitent-ils le caractère comminatoire de jugement de valeur, quand on énonce : divin et démoniaque.

Sérieusement, Krishna, par ce qui est cristallisé en lui, peut-il discourir comme le défenseur d'une ligue morale ?

Ceux qui appartiennent à l'ombre, et cela ne peut nous surprendre à ce moment du poème, sont ceux qui considèrent le monde comme un chaos, orbitant dans un néant aveugle, ceux qui ne pressentent pas, ne *voient* pas l'unité fondamentales des formes sans nombre, ceux qui sont la proie du tout-puissant désir.

XVII

DE LA FOI

126 Dans ce chant, Krishna s'aventure à donner un lecture des phénomènes qui accompagnent la prédominance de chacun des trois constituants de la nature, des trois guna.

Nous avons intitulé ce chant : *De La Foi*, mais nous ne reprenons pas ce vocable ensuite, même si le terme sanskrit **Shraddhâ**, peut, en effet, se traduire par : foi, réapparaît dans le texte. Nous avons écrit : engagement du cœur.

En vérité, nous arrivons difficilement à cerner la réalité vivante qu'il désigne. Si nous bannissons le terme de foi, c'est pour éluder la connotation de *croyance* qui éveillerait malencontreusement l'idée d'une fabrication mentale. Et cela ne se peut. Il s'agira plutôt d'une force intérieur de cohésion, de la tonalité consistante qui habitera le cœur de l'individu.

XVIII

DU RENONCEMENT ET DE LA LIBÉRATION

131 La question que pose Arjuna, dans cet ultime chant, nous ramène absolument au point de départ du dialogue, qui ne peut indéfiniment s'éterniser.

Dans un opéra, l'action est aussi un chant et c'est la durée musicale du chant qui conditionne le temps de l'action. Le départ d'un chœur de prisonniers ou la mort d'un héros bousculent harmoniquement la vraisemblance réaliste. L'esthétique a ses propres lois.

Arjuna en revient, au plus près, à l'imminence du combat, à l'action qu'il doit accomplir.

La précision qu'il souhaite, *in fine*, entendre sur le détachement et le renoncement renvoie au 1er shloka du chant VI :

> « C'est en accomplissant l'action à faire,
> sans être sensible à ses fruits,
> qu'on est à la fois le renonçant et l'acteur détaché ».

Est-ce chez Arjuna simple question rétrospective sur un débat qu'il a déjà dépassé ? Subsiste-t-il en lui un flottement dans la connaissance que Krishna lui a transmise ? Ou bien n'est-ce qu'une envie, chez le poète inconnu qui a composé la *Bhagavad-Gîtâ*, de recentrer une ultime fois l'enjeu vital pour l'homme ? Comment répondre et trancher ?

Parler du détachement intérieur et du renoncement aux fruits de l'action, c'est opérer un clivage mental dans une seule et même réalité indivisible. C'est aussitôt manipuler des concepts, c'est retomber dans le carcan de la matière, c'est redevenir le somnambule de sa propre nature.

Or, ce vers quoi Krishna a patiemment voulu conduire Arjuna, en débridant les fils complexes de la vie, c'est cette évidence qu'aucune rhétorique n'est à même de transmettre, qu'aucun message n'est à même d'inculquer :

agir, c'est être.

MIROIRS DE L'INDE

Nous n'avons pas voulu sacrifier au récitatif bibliographique. Le confort érudit convient mieux aux essais qu'aux poèmes. Et *La Bhagavad-Gîtâ* qu'on a pu lire ici doit plus à des influx qu'à des références.

Tous les livres retenus méritent une visite. Tous offrent connaissances et talent, union qui est loin d'être contre la nature mais qui n'est pas aussi fréquente qu'on veut bien croire.

Nous donnons leur identité sans commentaires.

Nous souhaitons cependant saluer le premier nommé, Henri Michaux, qu'on ne présente pas, qu'on écoute. L'absolue fraîcheur de son regard est à l'abri de toute érosion rationnelle.

Henri Michaud, *Un barbare en Asie*, Gallimard, coll. « L'Imaginaire ».

Alain Daniélou, *Le Polythéisme hindou,* Buchet-Chastel.

Ananda Coomaraswamy, *Hindouisme et bouddhisme*, Gallimard, coll. « Idées ».

Heinrich Zimmer, *Les Philosophies de l'Inde*, Payot.

Le Roi et le cadavre, Fayard, coll. « Documents spirituels ».
Myths ans Symbols in Indian Art and Civilization, Harper Torchbooks, The Bollingen Library.

Hermann Hesse, *Siddhartha*, Grasset.

Jean-Claude Carrière, *Le Mahâbhârata*,
adaptation théâtrale et texte, Centre international de créations théâtrales, 37 bis, boulevard de la Chapelle, 75010, Paris.

TABLE

La conscience du monde........................... 11
    I. Du désarroi d'Arjuna 17
   II. De la nature du monde 25
  III. De l'action 37
  IV. De la connaissance...................... 44
   V. Du renoncement à l'action 52
  VI. De la maîtrise de soi 58
 VII. De la perception de la connaissance 67
VIII. De l'impérissable 72
  IX. De la juste connaissance................. 77
   X. Du déploiement des formes 84
  XI. De la vision de l'être innombrable 92
 XII. De la communion avec l'être.............. 103
XIII. Du corps et de son connaisseur 107
XIV. Des éléments de la nature 113
 XV. De l'esprit ultime 118
XVI. De la lumière et de l'ombre................ 122
XVII. De la foi................................ 126
XVIII. Du renoncement et de la libération 131

De la lecture du sanskrit et de la traduction.......... 145

Notes 151

Miroirs de l'Inde 167

Collection "Poche-Retour aux grands textes"

1. Sénèque, *La Vie heureuse*
6. *Bhagavad Gîtâ*
7. Pétrone, *Satiricon*
9. Marc Aurèle, *Pensées pour moi-même*
10. Cicéron, *Savoir vieillir*
11. Cicéron, *L'Amitié*
12. Aristote, *Les Grands Livres d'éthique*
14. Plutarque, *La Conscience tranquille*
16. Sappho, *Le Désir*
18. César, *La Guerre en Gaule*
19. Quintus Cicéron, *Manuel de campagne électorale*
20. Sénèque, *La Providence*
21. Cicéron, *Devant la mort*
22. Cicéron, *Devant la souffrance*
23. Cicéron, *Le Bonheur*
26. Ésope, *Fables*
29. Cardinal Mazarin, *Bréviaire des politiciens*
30. Euripide, *Électre*
33. *Chronique anonyme de la Première Croisade*
36. Anthologie, *Rome et l'amour*
37. Démosthène, *Les Évènements de Chersonèse*
41. Plutarque, *L'Ami véritable*
44. Ovide, *L'Exil et le Salut*
47. Salluste, *La Conjuration de Catilina*
49. Pline l'Ancien, *La Vertu des plantes*
50. Pline l'Ancien, *La Vertu des arbres*
51. Ignace de Loyola, *Exercices spirituels*
52. Claude Terreaux, *Vous reprendrez bien un peu de latin*
53. Montaigne, *Les Essais*
54. Léonard de Vinci, *Maximes, fables et devinettes*
55. Synésios de Cyrène, *Éloge de la calvitie*
56. Érasme, *Savoir-Vivre à l'usage des enfants*
58. Ernest Renan, *Vie de Jésus*
59. Sénèque, *Les Bienfaits*
60. Montaigne, *Le Meilleur des* Essais
61. Gilles Ménage, *Histoire des femmes philosophes*
62. Martial, *Épigrammes*
63. Montaigne, *Journal de voyage, Lettres, Éphémérides, Sentences*
65. Étienne de La Boétie, *La Servitude volontaire*
66. Lucien de Samosate, *Éloge de la danse*
67. Anthologie, *La Sagesse des anciens*

68. Léonard de Vinci, *Hommes, bêtes et météores*
69. François Rabelais, *Gargantua, Pantagruel*
70. Sénèque, *Apprendre à vivre (Lettres à Lucilius)*
71. Montaigne, *Montaigne et la femme*
72. Tacite, *La Germanie*
73. Plutarque, *Erotikos*
74. Sénèque, *L'Homme apaisé*
75. Sénèque, *La Providence*
76. François Villon, *Œuvres complètes*
77. Platon, *Le Bonheur selon Socrate*
78. Plutarque, *Le Vice et la vertu*
79. Lucien de Samosate, *Dialogue des courtisanes*
80. Lucrèce, *La Nature des choses*
81. Épitète, *Ce qui dépend de nous*
83. Hésiode, *Les Travaux et les jours*
84. Homère, *Des héros et des dieux*
85. L'Ecclésiaste, *Un temps pour tout*
86. Pline le Jeune, *Le Temps à soi*
87. Platon, *Le Souci du bien*
88. Plutarque, *L'Intelligence des animaux*
89. Aristophane, *Lysistrata*
91. Érasme, *Plaidoyer pour la paix*

ACHEVÉ D'IMPRIMER
EN MAI 2019
SUR LES PRESSES DE
CORLET NUMÉRIC
À CONDÉ-EN-NORMANDIE
CALVADOS

Numéro d'édition : 0242
Numéro d'impression : 157479
Dépôt légal : février 2007
Imprimé   en   France